公路工程项目
建设安全管理指南

新疆交投建设管理有限责任公司 交通运输部公路科学研究所	组织编写
徐献军　王　乐　陈　磊	主　编
宋　亮　周玖庆　刘　伟 　　　杨　颖　杨弘卿	副主编

人民交通出版社

北　京

内 容 提 要

本书基于公路工程项目建设基本程序,结合新疆公路工程建设安全特点,提出全寿命周期建设安全管理主要内容和要求。本书主要内容包括项目工程可行性研究及勘察设计阶段、施工招标阶段、项目开工前、项目建设期、交工阶段等方面的安全生产管理要求。

本书可供公路工程建设项目勘察设计、建设、监理、施工等单位人员学习使用。

图书在版编目(CIP)数据

公路工程项目建设安全管理指南 / 新疆交投建设管理有限责任公司, 交通运输部公路科学研究所组织编写. 北京：人民交通出版社股份有限公司, 2024.9.
ISBN 978-7-114-19646-1

Ⅰ.U415.12-62

中国国家版本馆 CIP 数据核字第 2024V3A801 号

Gonglu Gongcheng Xiangmu Jianshe Anquan Guanli Zhinan

书　名：	**公路工程项目建设安全管理指南**
著　作　者：	新疆交投建设管理有限责任公司
	交通运输部公路科学研究所
责任编辑：	潘艳霞
责任校对：	赵媛媛　刘　璇
责任印制：	张　凯
出版发行：	人民交通出版社
地　　址：	(100011)北京市朝阳区安定门外外馆斜街 3 号
网　　址：	http://www.ccpcl.com.cn
销售电话：	(010)59757973
总 经 销：	人民交通出版社发行部
经　　销：	各地新华书店
印　　刷：	北京市密东印刷有限公司
开　　本：	710×1000　1/16
印　　张：	6.75
字　　数：	83 千
版　　次：	2024 年 9 月　第 1 版
印　　次：	2024 年 9 月　第 1 次印刷
书　　号：	ISBN 978-7-114-19646-1
定　　价：	50.00 元

(有印刷、装订质量问题的图书,由本社负责调换)

《公路工程项目建设安全管理指南》

编 写 组

主　编： 徐献军　王　乐　陈　磊

副主编： 宋　亮　周玖庆　刘　伟（新疆交投建设管理有限责任公司）
　　　　　杨　颖　杨弘卿

编　写： 陆慧裕　李红康　王富江　朱春生　迪力木拉提·艾力
　　　　　郑成星　万　伟　刘　伟（交通运输部公路科学研究所）
　　　　　李　欣　叶　伟　牙地卡尔·吾买尔　黎晓东　高凡棣
　　　　　艾尼卡尔·艾尼瓦　王　璐　艾克拉木江·麦麦提　任勇钢
　　　　　刘育贝　陈　曦　安博飞　李雷发　吐尔逊江·吾拉木
　　　　　李　杰

PREFACE 前言

党的十八大以来,公路水运工程建设领域事故起数和死亡人数波动性下降,安全生产形势基本稳定。但近年来,受施工难度增大、融资模式多样化、交通监管体制改革、监管层级下放等因素影响,安全管理难度加大。

面对各类安全管理难题,项目建设者们敢于突破、勇于创新,在项目建设安全管理各方面均积累了丰富的经验。因此,十分有必要对近年来公路工程项目建设安全管理经验进行总结,形成管理指南,有效指导项目建设安全管理,降低事故发生概率,为加快建设交通强国提供良好安全基础。

《公路工程项目建设安全管理指南》(以下简称《指南》)基于公路工程项目建设基本程序,结合新疆公路工程特点,按照"要求明确、程序统一、指标量化""以遏制事故为目标导向,提炼能够做好的,或者应当做好的项目安全管理内容"原则,提出全寿命周期建设安全管理主要内容和要求。

《指南》编制工作历时一年多,编写组以文献调研、座谈调研、专家审查等形式,收集和查阅国内外,特别是新疆维吾尔自治区有关公路工程项目建设安全管理相关的研究文献和资料,并组织与公路工程建设项目勘察设计、监理、施工等单位相关专家座谈,听取专家的技术咨询建议,借鉴各地、各单位、各建设项目的好经验、好做法,编制成本《指南》。《指南》主要内容包括七章,分别为范围、术语和定义、项目工程可行性研究及勘察设计阶段、施工招标阶段、项目开工前、项目建设期、交工阶段等方面的安全管理要求。

限于编者水平有限,书中难免存在不足之处,欢迎广大读者提出宝贵意见和建议,请反馈至新疆交投建设管理有限责任公司(地址:乌鲁木齐市于田街78号,邮编830000),以供本指南修改和完善。

本《指南》编写组
2024年2月

CONTENTS 目录

1 范围 ··· 1
2 术语和定义 ··· 3
   2.1 工点工厂化 ··· 4
   2.2 涉路施工 ·· 4
   2.3 项目执行机构 ·· 4
3 项目工程可行性研究及勘察设计阶段 ···································· 5
   3.1 工可阶段 ·· 6
   3.2 勘察作业 ·· 6
   3.3 设计阶段安全风险评估 ·· 7
   3.4 道路交通组织方案及风险评估 ······································ 8
4 施工招标阶段 ·· 11
   4.1 安全业绩要求 ·· 12
   4.2 安全生产目标 ·· 12
   4.3 安全生产合同 ·· 12
5 项目开工前 ··· 15
   5.1 施工安全风险评估 ··· 16
   5.2 安全管理策划编制 ··· 17
   5.3 项目安全生产组织机构 ·· 19
   5.4 安全生产条件核查 ··· 22

6 项目建设期 ······ 25
6.1 项目全员安全生产责任制 ······ 26
6.2 参建单位安全生产职责 ······ 29
6.3 安全管理人员配置 ······ 34
6.4 安全生产会议 ······ 35
6.5 安全生产费用 ······ 35
6.6 风险管控和隐患排查治理 ······ 38
6.7 专项施工方案 ······ 40
6.8 应急管理体系 ······ 42
6.9 设备安全管理 ······ 50
6.10 平安工地考评 ······ 53
6.11 班组作业标准化 ······ 56
6.12 现场安全通用管理 ······ 58
6.13 大型临时结构施工安全管理 ······ 60
6.14 主要结构物现场安全管理 ······ 61
6.15 交通组织方案 ······ 61
6.16 自然灾害应对 ······ 63
6.17 安全智慧化管理 ······ 63
6.18 消防安全管理 ······ 63
6.19 交安机电施工 ······ 71

7 交工阶段 ······ 73
7.1 "平安工程"创建 ······ 74
7.2 缺陷责任期内作业 ······ 74

附录A （资料性附录）建设项目安全管理任务清单
（建设管理单位）······ 77

附录B 公路工程建设单位常用法律法规部门规章条款摘录 ······ 91

参考文献 ······ 97

1

范围

本指南规定了公路工程建设项目工可及勘察设计阶段、招标阶段、项目开工前、项目建设期、交工阶段的建设安全管理要求。

本指南适用于新建、改(扩)建高速公路及一级公路工程建设项目安全管理,独立特大桥梁、特长隧道工程项目,以及其他工程项目参照使用。

【释义】

按照 GB/T 1.1—2020 给出的规则,在本章中明确本指南的主要内容及适用范围。针对公路工程建设项目,明确具体的安全生产条件通用要求。

2

术语和定义

下列术语和定义适用于本指南。

2.1 工点工厂化

每个施工点采用"工厂流水线"理念划分作业区域,并统筹考虑工作效率、材料配送、施工便捷性、风险分布的现场管控机制。

2.2 涉路施工

在公路、公路用地或公路建筑控制区范围内,修建建筑物、构筑结构物或公共设施的施工作业。

2.3 项目执行机构

项目执行机构是由建设管理单位组织的,对项目实施过程进行监督、协调、管理等工作的专门组织,包括项目公司、项目指挥部等。

3 项目工程可行性研究及勘察设计阶段

3.1 工可阶段

3.1.1 针对施工难度大、施工风险高的公路工程建设项目,工可编制单位应征集项目建设安全相关科研需求。

3.1.2 科研项目建议的提出单位(部门)应编制专项安全研究报告,研究内容包括但不限于施工安全管理、施工安全技术、隐患智慧管控等本质安全、智慧安监相关内容。

【释义】

3.1.1和3.1.2主要编制依据为:

(1)《中华人民共和国安全生产法》(2021年修订)。

第十八条 国家鼓励和支持安全生产科学技术研究和安全生产先进技术的推广应用,提高安全生产水平。

(2)《公路水运工程安全生产监督管理办法》(交通运输部令2017年第25号)。

第九条 国家鼓励和支持公路水运工程安全生产科学技术研究成果和先进技术的推广应用,鼓励从业单位运用科技和信息化等手段对存在重大安全风险的施工部位加强监控。

3.2 勘察作业

3.2.1 建设管理单位应在招标阶段对工可编制单位、勘察设计单位的安全业绩承诺、安全生产目标等提出要求。

3.2.2 建设管理单位组织对勘察设计单位作业安全检查时,应检查现场人员个体防护、设备状态、安全防护等。

3.2.3 工可编制单位、勘察设计单位应按法律法规及合同约定做好安全生产工作。

【释义】

3.2.1~3.2.3规定了勘察阶段安全生产管理的主要内容。主要编制依据为:

(1)《中华人民共和国安全生产法》(2021年修订)。

第二十条　生产经营单位应当具备本法和有关法律、行政法规和国家标准或者行业标准规定的安全生产条件;不具备安全生产条件的,不得从事生产经营活动。

第四十九条　生产经营单位不得将生产经营项目、场所、设备发包或者出租给不具备安全生产条件或者相应资质的单位或者个人。

生产经营项目、场所发包或者出租给其他单位的,生产经营单位应当与承包单位、承租单位签订专门的安全生产管理协议,或者在承包合同、租赁合同中约定各自的安全生产管理职责;生产经营单位对承包单位、承租单位的安全生产工作统一协调、管理,定期进行安全检查,发现安全问题的,应当及时督促整改。

(2)《公路水运工程安全生产条件通用要求》(JT/T 1404—2022)。

4.3　建设单位应在招标文件中明确项目安全生产管理目标、安全生产职责、安全生产信用情况、安全生产费用及安全生产管理人员配备等安全生产管理的相关要求。

3.3　设计阶段安全风险评估

3.3.1　勘察设计单位应按照《公路项目安全性评价规范》(JTG B05—2015)相关要求开展公路项目安全性评价。

3.3.2　勘察设计单位应按照合同要求编制地灾、行洪等评价报告。

3.3.3　勘察设计单位按照交通运输部《关于在初步设计阶段实行公路桥梁和隧道工程安全风险评估制度的通知》(交公路发〔2010〕175号)要求,对在评估范围内的工程开展设计安全风险评估,并将评估意见落实到图纸的修订工作中。

【释义】

3.3.1～3.3.3规定了设计阶段安全风险评估的主要内容。主要编制依据为:

(1)《公路水运工程安全生产监督管理办法》(交通运输部令2017年第25号)。

第二十四条 公路水运工程建设应当实施安全生产风险管理,按规定开展设计、施工安全风险评估。

设计单位应当依据风险评估结论,对设计方案进行修改完善。

施工单位应当依据风险评估结论,对风险等级较高的分部分项工程编制专项施工方案,并附安全验算结果,经施工单位技术负责人签字后报监理工程师批准执行。

必要时,施工单位应当组织专家对专项施工方案进行论证、审核。

(2)《关于在初步设计阶段实行公路桥梁和隧道工程安全风险评估制度的通知》(交公路发〔2010〕175号)。

建设单位应督促设计单位对在评估范围内的工程开展设计安全风险评估,并将评估意见落实到图纸的修订工作中。

3.4 道路交通组织方案及风险评估

3.4.1 设计单位应针对改扩建施工开展道路交通组织方案的编制和论证。

3.4.2 设计单位宜针对交通组织方案提出的导改方式、通行能力、交通安全设施布置、应急体系建立等方面组织开展交通组织方案风险评估,并作为交通组织方案专家审查会的参考依据。

3.4.3 设计单位应邀请交警、路政、运营等相关单位参加改扩建交通组织方案的专家论证审查会。

3.4.4 施工单位应针对涉路施工开展道路交通组织方案的编制和论证,并邀请交警、路政、运营等相关单位参加方案专家论证审查会。

【释义】

3.4.1~3.4.4规定了公路改扩建工程交通组织方案及风险评估相关的工作内容。主要编制依据为:

(1)《高速公路改扩建设计细则》(JTG/T L11—2014)。

3.0.12 应考虑施工及运营安全、区域交通影响等因素,结合工程技术方案进行交通组织设计。维持通车的施工路段,其服务水平可较正常路段降低一级。

(2)《高速公路改扩建交通工程及沿线设施设计细则》(JTG/T L80—2014)。

1.0.6 高速公路改扩建工程施工期间维持通行时,应根据交通组方案开展临时交通工程及沿线设施设计。

(3)《公路项目安全性评价规范》(JTG B05—2015)。

3.1.3 改扩建公路应分析既有公路交通安全特点,评价改扩建方案对交通安全的影响。

4 施工招标阶段

4.1 安全业绩要求

4.1.1 建设管理单位应在招标文件中明确施工单位的安全业绩要求,并满足以下要求:

a)施工单位的安全管理业绩(如曾获评"平安工程"等);

b)安全管理人员配置资格(如安全总监制、安全总监职业资格等);

c)安全管理能力(主要设备配置要求、关键部位防护要求等);

d)安全生产技术(出于本质安全考虑的工艺选用要求等)。

4.1.2 建设管理单位应在招标文件中明确监理、检测单位的安全业绩要求,并满足以下要求:

a)单位的安全管理业绩(如曾获评"平安工程"等);

b)安全管理人员配置资格(如安全专监、安全监理工程师资格等);

c)安全管理能力(监理/工作计划中关于重大风险的管控要求等)。

4.1.3 施工单位应严格落实企业安全主体责任,并宜按安全管理程序化、现场防护标准化、风险管控科学化、隐患治理常态化、应急救援规范化等管理理念前置项目安全管理。

4.2 安全生产目标

建设管理单位应在招标文件中从隐患排查治理、费用管理、事故起数和死亡人数等多维度明确项目安全生产目标。

4.3 安全生产合同

建设管理单位应与监理单位、施工单位、检测单位等承包单位签订安全生产合同。

【释义】

4.1~4.3规定了招标阶段安全生产管理主要内容。主要编制依据为:

(1)《中华人民共和国安全生产法》(2021年修订)。

第二十条　生产经营单位应当具备本法和有关法律、行政法规和国家标准或者行业标准规定的安全生产条件；不具备安全生产条件的，不得从事生产经营活动。

(2)《中华人民共和国公路法》(2017年修订)。

第二十三条　公路建设项目应当按照国家有关规定实行法人负责制度、招标投标制度和工程监理制度。

第二十四条　公路建设单位应当根据公路建设工程的特点和技术要求，选择具有相应资格的勘查设计单位、施工单位和工程监理单位，并依照有关法律、法规、规章的规定和公路工程技术标准的要求，分别签订合同，明确双方的权利义务。

承担公路建设项目的可行性研究单位、勘查设计单位、施工单位和工程监理单位，必须持有国家规定的资质证书。

(3)《公路水运工程安全生产监督管理办法》(交通运输部令2017年第25号)。

第十三条　公路水运工程施工招标文件及施工合同中应当载明项目安全管理目标、安全生产职责、安全生产条件、安全生产信用情况及专职安全生产管理人员配备的标准等要求。

(4)《公路水运工程安全生产条件通用要求》(JT/T 1404—2022)。

4.6　建设单位与施工单位及监理单位，施工单位与分包单位应在合同或安全生产协议中明确各方的安全生产责任和义务，履行各自的安全生产责任。

5

项目开工前

5.1 施工安全风险评估

5.1.1 建设管理单位宜在项目开工前,根据相关规定牵头组织参建单位开展施工安全总体风险评估,并通过专家审查。

5.1.2 施工安全总体风险评估的主要范围应符合交通运输部相关文件和标准要求,并满足以下要求:

a)桥梁工程(大桥及以上等级的桥梁);

b)隧道工程;

c)路堑高边坡工程;

d)两区三厂;

e)穿越(含上跨和下穿)既有基础设施(既有道路、铁路、管线及电塔等)施工;

f)边通车边施工(施工区风险);

g)便道开挖及运行风险;

h)涉及市政及房屋的施工风险。

5.1.3 施工单位应在开工前组织施工安全专项风险评估并通过专家审查。

【释义】

5.1.1~5.1.3规定了项目开工前施工安全风险评估的主要内容。主要编制依据为:

(1)《中华人民共和国安全生产法》(2021年修订)。

第四十条 生产经营单位对重大危险源应当登记建档,进行定期检测、评估、监控,并制定应急预案,告知从业人员和相关人员在紧急情况下应当采取的应急措施。

第四十一条 生产经营单位应当建立安全风险分级管控制度,按照安全风险分级采取相应的管控措施。

生产经营单位应当建立健全并落实生产安全事故隐患排查治理制

度,采取技术、管理措施,及时发现并消除事故隐患。事故隐患排查治理情况应当如实记录,并通过职工大会或者职工代表大会、信息公示栏等方式向从业人员通报。其中,重大事故隐患排查治理情况应当及时向负有安全生产监督管理职责的部门和职工大会或者职工代表大会报告。

(2)《公路水运工程安全生产监督管理办法》(交通运输部令2017年第25号)。

第二十四条 公路水运工程建设应当实施安全生产风险管理,按规定开展设计、施工安全风险评估。

设计单位应当依据风险评估结论,对设计方案进行修改完善。

施工单位应当依据风险评估结论,对风险等级较高的分部分项工程编制专项施工方案,并附安全验算结果,经施工单位技术负责人签字后报监理工程师批准执行。

必要时,施工单位应当组织专家对专项施工方案进行论证、审核。

(3)《公路水运工程施工安全风险评估指南 第1部分:总体要求》(JT/T 1375.1—2022)。

4.1 评估阶段划分,施工安全风险评估分为总体风险评估和专项风险评估两个阶段。总体风险评估宜在项目施工招标前完成。专项风险评估包括施工前专项风险评估、施工过程专项风险评估和风险控制预期效果评价等环节,贯穿整个施工过程。

5.2 安全管理策划编制

5.2.1 施工安全总体风险评估结论中存在Ⅳ级风险或Ⅲ级及以上风险的单位工程占项目单位工程总量60%(含)以上的标段,施工单位应在项目开工前编制"安全管理策划书"并通过专家审查。

5.2.2 "安全管理策划书"作为项目安全管理顶层设计应主要包括以下内容:

a)编制概况:主要表述项目基本信息、编制目的、编制依据、编制过程等内容。

b)项目概况:主要表述项目位置、线路走向、主要道路设计参数、地质条件、气象条件、主要构造物、施工外界环境等信息。

c)施工安全风险分析:主要分析项目桥梁工程、隧道工程、路堑高边坡工程、基坑工程、大型临时工程(以下简称"大临工程")、两区三厂、穿越(含上跨和下穿)既有基础设施施工、缺陷责任期修复等施工作业活动可能面临的政策、施工、应急等方面的风险。

d)安全生产管理思路:明确项目安全生产管理目标、项目安全管理机构、主要思路和具体的实施路径。

e)安全生产管理具体要求:本着有效预防和控制现场风险、防止出现重大事故隐患的原则,研究提出全员安全生产责任制、专项施工方案管理、安全文化建设、安全生产费用等基础安全管理的具体要求;研究提出桥梁工程、隧道工程、路堑边坡工程、深基坑工程、两区三厂建养、穿越(含上跨和下穿)既有基础设施施工等施工作业活动在安全生产现场防护、关键设备管理、安全生产信息化、应急管理等方面的具体管理要求。

f)安全奖励申报:根据项目施工重难点、安全管理特点,总结提炼安全管理亮点,提出不同阶段的安全奖励申报计划。

【释义】

5.2.1、5.2.2规定了项目开工前安全管理策划的主要内容。主要编制依据为:

(1)《中华人民共和国安全生产法》(2021年修订)。

第三十八条 国家对严重危及生产安全的工艺、设备实行淘汰制度,具体目录由国务院应急管理部门会同国务院有关部门制定并公布。法律、行政法规对目录的制定另有规定的,适用其规定。

(2)《公路水运工程平安工地建设管理办法》(交安监发〔2018〕43号)。

第三条 本办法所称平安工地是指项目从业单位以落实安全生产主体责任为核心,施工过程以风险防控无死角、事故隐患零容忍、安全防护全方位为目标,推进施工现场安全文明与施工作业规范有序的有机统一,是不断深化平安交通发展的重要载体。

本办法所称从业单位,是指从事公路水运工程建设、施工、监理等工作的单位。

(3)《交通运输部办公厅关于进一步推进公路水运工程、平安工地建设的通知》(交办安监〔2020〕44号)。

(三)积极推行工程项目"零死亡"平安工地建设目标。各地交通运输主管部门要引导参建单位积极推行建设项目"零死亡"目标,不断细化实化各项措施,将"零死亡"目标要求全面融入安全生产体系建设、安全生产责任落实、安全生产条件核查、安全风险防控、隐患排查治理等具体工作中。要加强安全生产基层、基础、基本功建设,推进安全生产管理规范化、标准化、信息化,加大机械化换人、自动化减人力度,不断提升工程本质安全水平。

5.3 项目安全生产组织机构

5.3.1 建设管理单位应在开工前成立项目安全生产领导小组,并满足以下要求:

a)项目安全生产领导小组由项目执行机构领导班子、各部门负责人、监理办负责人和施工单位负责人组成;

b)项目安全生产领导小组下设安全生产领导小组办公室;

c)项目执行机构设立安全生产管理机构;

d)项目执行机构以红头文件形式明确安全生产领导小组和安全生产管理机构的职责及工作要求。

5.3.2 监理单位应在开工前成立安全生产领导小组,向建设管理单位备案,并满足以下要求:

a)安全生产领导小组对接建设管理单位和施工单位安全组织机构;

b)安全生产领导小组在开工前以红头文件形式发布;

c)安全生产领导小组组长由总监理工程师(驻地监理组组长)担任;

d)副组长由分管安全生产的副总监理工程师(或安全总监、驻地监理组副组长)和其他分管负责人担任;

e)安全生产领导小组下设安全生产领导小组办公室;

f)安全生产领导小组办公室主任由分管安全生产的副总监理工程师(或安全总监)担任,成员由各部门负责人、总监办安全监理工程师、驻地监理工程师、总监办各专业监理工程师组成;

g)备案信息包含姓名、单位、职务、职称、联系电话、安全生产职责等。

5.3.3 施工单位应成立安全生产领导小组,报监理单位审批,并满足以下要求:

a)安全生产领导小组对接建设管理单位和监理单位安全组织机构;

b)应在开工前以红头文件形式发布安全生产领导小组的组成;

c)组长由项目经理担任;

d)副组长由安全经理、总工程师担任,成员由分管其他业务的副经理组成;

e)安全生产领导小组下设安全生产领导小组办公室;

f)安全生产领导小组办公室主任由安全主管经理(或安全总监)担任,副主任由安全管理、工程技术、设备物资等部门负责人担任,成员由各部门专兼职安全生产管理人员组成;

g)备案信息包含姓名、单位、职务、职称、联系电话、安全生产职责等,监理单位批复后报建设管理单位备案。

【释义】

5.3.1~5.3.3规定了项目安全生产组织机构相关内容。主要编制依据为:

(1)《公路水运工程平安工地建设管理办法》(交安监发〔2018〕43号)。

表1.1要求,建设单位设立负有安全管理职能的部门;监理单位按要求配备专职安全监理工程师;施工单位设立安全生产管理部门,按要求配

备专职安全生产管理人员。

(2)《公路水运工程安全生产条件通用要求》(JT/T 1404—2022)。

5.1.1 建设单位应牵头组建项目安全生产组织协调机制,建立项目安全生产管理体系,研究布置安全生产工作,督促保障安全生产条件,定期开展平安工地建设情况的检查评价。

5.1.2 建设单位与施工单位应设置相应的项目安全生产管理机构,明确安全生产管理体系运行要求,组织落实安全生产工作。

(3)《关于印发〈自治区企业安全总监管理办法(试行)〉的通知》(新政办发〔2021〕17号)。

第三条 在自治区行政区域内从事生产经营活动或者住所地在自治区行政区域内的下列企业应当配备安全总监:

(一)国有及国有控股的规模以上企业;

(二)规模以上工业、交通运输、建筑施工企业;

(三)从业人员50人及以上的矿山、金属冶炼企业和生产、储存、运输、处置、使用危险物品的企业;

(四)粉尘涉爆从业人员30人及以上的企业;

(五)对外承包工程或者对外劳务输出的企业。

鼓励其他有条件企业配备安全总监。

本条规定的从业人员含劳务派遣人员,矿山企业含外包工程的作业人员;本条规定的"规模以上企业",依照统计机构的规定执行。

第八条 企业应当赋予安全总监下列职权:

(一)法律、法规、规章赋予企业安全生产管理人员的权力;

(二)对企业安全生产管理机构负责人和下属单位的安全总监、安全生产管理机构负责人的考核及任免的建议权;

(三)对企业安全生产技术的决策权;

(四)对企业安全生产费用和安全奖励费用的审核权;

(五)对存在重大生产安全事故隐患或者不具备安全生产条件的设备

(设施)、施工作业等的责令停产、停工的权力;

(六)有关部门及单位赋予的其他权力。

第九条 担任企业安全总监应当具备下列条件:

(一)取得中级及以上注册安全工程师资格(含高级安全工程师)并在本企业注册;

(二)熟悉设备设施、工艺流程、操作规程等,有较高的安全专业技术知识和管理水平;

(三)具有较强的责任意识,勤奋敬业,勇于担当,顾全大局,有团队协作精神;

(四)熟悉安全管理体系,具有较强的组织领导能力,善于沟通协调,能积极主动解决安全生产各类问题,科学果断处置突发事件;

(五)身体健康。

第十条 安全总监由企业按照干部管理相关规定和本企业实际进行选拔、任免、管理和考核。

企业分管生产经营的班子成员、总工程师不得兼任安全总监。安全总监享受企业总工程师、总经济师同等的工作待遇和薪酬待遇。

5.4 安全生产条件核查

5.4.1 建设管理单位应按《公路水运工程平安工地建设管理办法》(交安监发〔2018〕43号)、《公路水运工程安全生产条件通用要求》(JT/T 1404—2022)等相关要求开展开工前的安全生产条件核查,并做好记录台账。

5.4.2 监理单位应按《公路水运工程平安工地建设管理办法》(交安监发〔2018〕43号)、《公路水运工程安全生产条件通用要求》(JT/T 1404—2022)等相关要求开展安全生产条件核查。

5.4.3 对施工安全专项风险评估结论Ⅲ级及以上等级风险的作业工序,且超过一定规模的起重吊装作业、涉路施工等实施"作业令"制度,即作业前由监理单位进行施工前安全生产条件核查。

5.4.4 对于穿越(含上跨和下穿)既有基础设施(既有道路、铁路、管线及电塔等)施工等特殊环境作业,施工单位应落实地方主管部门和产权单位的安全生产条件要求,并应在取得施工许可后动工。

【释义】

5.4.1~5.4.4规定了安全生产条件核查相关工作。主要编制依据为:

(1)《公路安全保护条例》(国务院令第593号)。

第二十七条 进行下列涉路施工活动,建设单位应当向公路管理机构提出申请:

(一)因修建铁路、机场、供电、水利、通信等建设工程需要占用、挖掘公路、公路用地或者使公路改线;

(二)跨越、穿越公路修建桥梁、渡槽或者架设、埋设管道、电缆等设施;

(三)在公路用地范围内架设、埋设管道、电缆等设施;

(四)利用公路桥梁、公路隧道、涵洞铺设电缆等设施;

(五)利用跨越公路的设施悬挂非公路标志;

(六)在公路上增设或者改造平面交叉道口;

(七)在公路建筑控制区内埋设管道、电缆等设施。

(2)《公路水运工程平安工地建设管理办法》(交安监发〔2018〕43号)。

表1.1 工程项目开工前安全生产条件核查表。

6

项目建设期

6.1 项目全员安全生产责任制

6.1.1 建设管理单位应坚持"党政同责、一岗双责、齐抓共管"和"管业务必须管安全、管生产经营必须管安全"的原则建立全员安全生产责任体系。

6.1.2 建设管理单位、监理单位、施工单位应每年签订岗位安全生产责任书。

6.1.3 施工单位应建立健全本标段安全生产管理考核制度并以红头文件形式发布。

6.1.4 施工单位应全面落实全员岗位安全职责,并满足以下要求:

a)施工单位建立全员安全生产责任制,落实全过程和全员一岗双责、党政同责;

b)厘清技术管理人员和安全管理人员职责,建立分工明确,职责清晰,执行有力的责任清单和工作清单;

c)安全管理部门职责重心定位为安全生产监督管理。

6.1.5 试验检测、监控量测等单位应建立健全全员安全生产责任制,按合同要求和标准规范相关要求做好检测、监测工作。

【释义】

6.1.1～6.1.5规定了项目全员安全责任制主要内容。主要编制依据为:

(1)《中华人民共和国安全生产法》(2021年修订)。

第三条 安全生产工作坚持中国共产党的领导。

安全生产工作应当以人为本,坚持人民至上、生命至上,把保护人民生命安全摆在首位,树牢安全发展理念,坚持安全第一、预防为主、综合治理的方针,从源头上防范化解重大安全风险。

安全生产工作实行管行业必须管安全、管业务必须管安全、管生产经营必须管安全,强化和落实生产经营单位主体责任与政府监管责任,建立生产经营单位负责、职工参与、政府监管、行业自律和社会监督的机制。

第四条 生产经营单位必须遵守本法和其他有关安全生产的法律、法规,加强安全生产管理,建立健全全员安全生产责任制和安全生产规章制度,加大对安全生产资金、物资、技术、人员的投入保障力度,改善安全生产条件,加强安全生产标准化、信息化建设,构建安全风险分级管控和隐患排查治理双重预防机制,健全风险防范化解机制,提高安全生产水平,确保安全生产。

第五条 生产经营单位的主要负责人是本单位安全生产第一责任人,对本单位的安全生产工作全面负责。其他负责人对职责范围内的安全生产工作负责。

(2)《中共中央 国务院关于推进安全生产领域改革发展的意见》(2016年12月9日)。

(六)严格落实企业主体责任。企业对本单位安全生产和职业健康工作负全面责任,要严格履行安全生产法定责任,建立健全自我约束、持续改进的内生机制。企业实行全员安全生产责任制度,法定代表人和实际控制人同为安全生产第一责任人,主要技术负责人负有安全生产技术决策和指挥权,强化部门安全生产职责,落实一岗双责。完善落实混合所有制企业以及跨地区、多层级和境外中资企业投资主体的安全生产责任。建立企业全过程安全生产和职业健康管理制度,做到安全责任、管理、投入、培训和应急救援"五到位"。国有企业要发挥安全生产工作示范带头作用,自觉接受属地监管。

(3)《公路水运工程安全生产监督管理办法》(交通运输部令2017年第25号)。

第二十七条 从业单位应当建立健全安全生产责任制,明确各岗位的责任人员、责任范围和考核标准等内容。从业单位应当建立相应的机制,加强对安全生产责任制落实情况的监督考核。

(4)《交通运输部关于推进公路水路行业安全生产领域改革发展的实施意见》(交安监发〔2017〕39号)。

（五）严格落实企业主体责任。交通运输企业对本单位安全生产和职业健康工作负全面责任，依法依规设置安全生产管理机构，配足安全生产专职管理人员，加大安全生产资金投入，提高运输工具、装备设施安全性能，建立健全自我约束、持续改进的内生机制。实行企业全员安全生产责任制度，细化并落实主要负责人、管理人员和每个岗位的责任。法定代表人和实际控制人同为安全生产第一责任人，主要技术负责人负有安全生产技术决策和指挥权，强化部门安全生产职责，落实一岗双责。建立全过程安全生产和职业健康管理制度，做到安全责任、管理、投入、培训和应急救援"五到位"。国有企业要发挥安全生产工作示范带头作用，自觉接受属地监管。按规定开展安全生产风险评估和辨识，建立管控制度，制定落实安全操作规程，做到"清单化""痕迹化"管理。树立"隐患就是事故"理念，建立健全隐患排查治理制度、重大隐患治理情况向交通运输有关部门和企业职代会"双报告"制度，实行自查自改自报闭环管理。大力推进企业安全生产标准化建设，开展经常性的应急演练，依法诚实守信开展安全生产工作。

(5)《交通运输部关于加强公路水运工程建设质量安全监督管理工作的意见》（交安监规〔2022〕7号）。

（十九）落实全员安全生产责任制。建设、勘察设计、施工、监理等从业单位依法依规加强工程项目安全生产责任落实。企业法定代表人、实际控制人、实际负责人要严格履行安全生产第一责任人责任，对本单位安全生产负总责。对建设技术难度大、安全风险高的工程项目，建设单位应依法依规设置安全生产管理机构。加强施工单位主要负责人、项目负责人、专职安全生产管理人员安全生产考核工作。项目参建单位要建立健全全员安全生产责任制，实现职责到岗、责任到人、工作到位。

(6)《企业安全生产责任体系五落实五到位规定》（安监总办〔2015〕27号）。

全文。

(7)《新疆维吾尔自治区安全生产目标管理办法》(新政办发〔2017〕35号)。

第三条 自治区人民政府每年与各地、州、市、自治区重点行业领域主管部门和重点企业签订《新疆维吾尔自治区安全生产目标管理责任书》(以下简称《责任书》)。

第四条 责任单位党政主要负责人为本单位安全生产工作第一责任人。责任单位应当按照"党政同责、一岗双责、齐抓共管、失职追责""管行业必须管安全、管业务必须管安全、管生产经营必须管安全"的原则,采取有效措施,做好安全生产工作。

第五条 自治区将安全生产纳入发展成果考核评价、社会治安综合治理、文明单位创建和综合性表彰奖励体系,对责任单位实行安全生产"一票否决"。

6.2 参建单位安全生产职责

6.2.1 建设管理单位负有安全生产管理责任,其安全生产职责应满足以下要求:

a)制定项目总体安全生产工作目标及思路;

b)组织签订安全生产合同;

c)建立健全安全生产组织机构及管理体系;

d)传达贯彻上级部门关于安全生产工作的要求;

e)开展安全生产监督检查;

f)召开安全生产工作会议研究部署安全生产工作;

g)考核评价各单位安全生产工作目标完成情况;

h)组织开展"平安工地"创建和"安全生产月"等活动;

i)组织开展"平安工地"考核评价并报送评价结果;

j)督促安全生产费用有效投入并审核、及时支付;

k)组织安全生产相关科研工作。

6.2.2 监理单位负有安全生产监理责任,其安全生产职责应满足以下要求:

a)按合同要求派驻安全监理人员;

b)制订安全生产监理工作计划;

c)建立健全方案审查、设施验收、督促整改和旁站监理等安全生产管理制度并严格执行;

d)监督施工单位安全生产管理和技术措施的制订和执行情况;

e)及时组织召开安全生产会议;

f)开展安全监督检查,对发现存在的安全问题督促施工单位及时整改;

g)监督、审查施工单位安全生产费用的使用情况;

h)开展监理合同段的"平安工地"自查考核评价并及时报送考核结果;

i)检查、督促施工单位开展"平安工地"创建和"安全生产月"等活动。

6.2.3 施工单位负有安全生产主体责任,其安全生产主要职责应满足以下要求:

a)足额配备专职安全生产管理人员;

b)明确各项安全生产管理工作和各类型事故的控制目标;

c)建立健全安全生产管理制度和覆盖各工种的安全操作规程并严格执行;

d)对分包单位的安全生产工作进行统一管理;

e)特种设备在投入使用前办理检验检测及登记手续;

f)及时编制专项施工方案并组织评审;

g)在各分项工程施工前严格实施安全技术交底;

h)开展安全检查及时消除安全隐患;

i)召开安全生产会议;

j)制定完善的安全应急预案并定期组织应急救援演练;

k)安全生产费用足额专款专用;

l)按要求开展"平安工地"创建和"安全生产月"等活动;

m)定期开展"平安工地"考核;

n)积极开展安全创新工作。

6.2.4 试验检测、监控测量单位安全生产职责应满足以下要求:

a)配备兼职安全生产管理人员;

b)明确各项安全生产管理工作和各类型事故的控制目标;

c)建立健全安全生产管理制度和安全操作规程并严格执行;

d)及时编制专项施工方案并组织评审;

e)在各分项工程施工前严格实施安全技术交底;

f)开展安全检查及时消除安全隐患;

g)召开安全生产会议;

h)积极开展安全创新工作。

【释义】

6.2.1~6.2.4规定了参建单位安全生产职责。主要编制依据为:

(1)《中华人民共和国安全生产法》(2021年修订)。

第二十一条 生产经营单位的主要负责人对本单位安全生产工作负有下列职责:

(一)建立健全并落实本单位全员安全生产责任制,加强安全生产标准化建设;

(二)组织制定并实施本单位安全生产规章制度和操作规程;

(三)组织制定并实施本单位安全生产教育和培训计划;

(四)保证本单位安全生产投入的有效实施;

(五)组织建立并落实安全风险分级管控和隐患排查治理双重预防工作机制,督促、检查本单位的安全生产工作,及时消除生产安全事故隐患;

(六)组织制定并实施本单位的生产安全事故应急救援预案;

(七)及时、如实报告生产安全事故。

第二十二条 生产经营单位的全员安全生产责任制应当明确各岗位

的责任人员、责任范围和考核标准等内容。

生产经营单位应当建立相应的机制,加强对全员安全生产责任制落实情况的监督考核,保证全员安全生产责任制的落实。

第二十五条 生产经营单位的安全生产管理机构以及安全生产管理人员履行下列职责:

(一)组织或者参与拟订本单位安全生产规章制度、操作规程和生产安全事故应急救援预案;

(二)组织或者参与本单位安全生产教育和培训,如实记录安全生产教育和培训情况;

(三)组织开展危险源辨识和评估,督促落实本单位重大危险源的安全管理措施;

(四)组织或者参与本单位应急救援演练;

(五)检查本单位的安全生产状况,及时排查生产安全事故隐患,提出改进安全生产管理的建议;

(六)制止和纠正违章指挥、强令冒险作业、违反操作规程的行为;

(七)督促落实本单位安全生产整改措施。

生产经营单位可以设置专职安全生产分管负责人,协助本单位主要负责人履行安全生产管理职责。

第四十九条 生产经营单位不得将生产经营项目、场所、设备发包或者出租给不具备安全生产条件或者相应资质的单位或者个人。

(2)《公路水运工程安全生产监督管理办法》(交通运输部令2017年第25号)。

第二十八条 建设单位对公路水运工程安全生产负管理责任。依法开展项目安全生产条件审核,按规定组织风险评估和安全生产检查。根据项目风险评估等级,在工程沿线受影响区域作出相应风险提示。

第二十九条 勘察单位应当按照法律、法规、规章、工程建设强制性标准和合同文件进行实地勘察,针对不良地质、特殊性岩土、有毒有害气体等不良情形或者其他可能引发工程生产安全事故的情形加以说明并提出防治建议。

勘察单位提交的勘察文件必须真实、准确,满足公路水运工程安全生产的需要。

第三十一条 监理单位应当按照法律、法规、规章、工程建设强制性标准和合同文件进行监理,对工程安全生产承担监理责任。

第三十四条 施工单位应当按照法律、法规、规章、工程建设强制性标准和合同文件组织施工,保障项目施工安全生产条件,对施工现场的安全生产负主体责任。施工单位主要负责人依法对项目安全生产工作全面负责。

建设工程实行施工总承包的,由总承包单位对施工现场的安全生产负总责。分包单位应当服从总承包单位的安全生产管理,分包单位不服从管理导致生产安全事故的,由分包单位承担主要责任。

(3)《交通运输部关于加强公路水运工程建设质量安全监督管理工作的意见》(交安监规〔2022〕7号)。

(十九)落实全员安全生产责任制。建设、勘察设计、施工、监理等从业单位依法依规加强工程项目安全生产责任落实。企业法定代表人、实际控制人、实际负责人要严格履行安全生产第一责任人责任,对本单位安全生产负总责。对建设技术难度大、安全风险高的工程项目,建设单位应依法依规设置安全生产管理机构。加强施工单位主要负责人、项目负责人、专职安全生产管理人员安全生产考核工作。项目参建单位要建立健全全员安全生产责任制,实现职责到岗、责任到人、工作到位。

(4)《公路工程施工分包管理办法》(交公路规〔2024〕2号)。

第六条 发包人应当按照本办法规定和合同约定加强对施工分包活动的管理,建立健全本项目分包管理制度,负责对分包的合同签订与履行、质量与安全管理、计量支付等活动监督检查,并建立台账,及时制止承包人的转包或违法分包行为。

第八条 除承包人设定的项目管理机构外,分包人也应当分别设立项目管理机构,对所承包或者分包工程的施工活动实施管理。

项目管理机构应当具有与承包或者分包工程的规模、技术复杂程度相适应的技术、经济管理人员,其中项目负责人和技术、财务、计量、质量、安全等主要管理人员必须是本单位人员。

第九条 承包人可以将适合专业化队伍施工的专项工程分包给具有相应资格的单位。不得分包的专项工程,发包人应当在招标文件中予以明确。

分包人不得将承接的分包工程再进行分包。

第十六条 禁止将承包的公路工程进行转包。

承包人未在施工现场设立项目管理机构和派驻相应人员对分包工程的施工活动实施有效管理,并且有下列情形之一的,属于转包:

(一)承包人将承包的全部工程发包给他人的;

(二)承包人将承包的全部工程肢解后以分包的名义分别发包给他人的;

(三)法律、法规规定的其他转包行为。

第十九条 发包人应当在招标文件中明确统一采购的主要材料及构、配件等的采购主体及方式。承包人授权分包人进行相关采购时,必须经发包人书面同意。

6.3 安全管理人员配置

6.3.1 监理单位应配置安全副总监(或等同职务人员)和安全专监。

6.3.2 施工单位应配置安全总监、专职安全生产管理人员、班组安全巡视员。

【释义】

6.3.1、6.3.2规定了安全管理人员配置要求。主要编制依据为:

《公路水运工程安全生产监督管理办法》(交通运输部令2017年第

25号)。

第十三条 公路水运工程施工招标文件及施工合同中应当载明项目安全管理目标、安全生产职责、安全生产条件、安全生产信用情况及专职安全生产管理人员配备的标准等要求。

第十四条 施工单位从事公路水运工程建设活动,应当取得安全生产许可证及相应等级的资质证书。施工单位的主要负责人和安全生产管理人员应当经交通运输主管部门对其安全生产知识和管理能力考核合格。

施工单位应当设置安全生产管理机构或者配备专职安全生产管理人员。施工单位应当根据工程施工作业特点、安全风险以及施工组织难度,按照年度施工产值配备专职安全生产管理人员,不足5000万元的至少配备1名;5000万元以上不足2亿元的按每5000万元不少于1名的比例配备;2亿元以上的不少于5名,且按专业配备。

6.4 安全生产会议

6.4.1 参建单位应定期召开安全生产会议,原则上每月1次。

6.4.2 安全生产会议主要内容应满足以下要求:

a)通报项目存在的安全管理薄弱环节;

b)对各参建单位的安全生产形势进行分析、研判、统筹、协调;

c)对各类风险、频发隐患研究制定改进措施。

6.5 安全生产费用

6.5.1 依据《公路水运工程安全生产监督管理办法》(交通运输部令2017年第25号)、《企业安全生产费用提取和使用管理办法》(财资〔2022〕136号)等文件要求,建设管理单位应制定《项目安全生产费用管理办法》,以明确费用计量周期、计量范围、计量程序、支付审核流程等。

6.5.2 施工单位应建立安全生产费用使用管理制度、明确费用使用计划等。

6.5.3 监理单位应对安全生产费用现场投入情况进行审查。

【释义】

6.5.1~6.5.3规定了安全生产费用相关规定。主要编制依据为：

(1)《中华人民共和国安全生产法》(2021年修订)。

第二十三条 生产经营单位应当具备的安全生产条件所必需的资金投入，由生产经营单位的决策机构、主要负责人或者个人经营的投资人予以保证，并对由于安全生产所必需的资金投入不足导致的后果承担责任。

有关生产经营单位应当按照规定提取和使用安全生产费用，专门用于改善安全生产条件。安全生产费用在成本中据实列支。安全生产费用提取、使用和监督管理的具体办法由国务院财政部门会同国务院应急管理部门征求国务院有关部门意见后制定。

(2)《企业安全生产费用提取和使用管理办法》(财资〔2022〕136号)。

第十七条 建设工程施工企业以建筑安装工程造价为依据，于月末按工程进度计算提取企业安全生产费用。提取标准如下：

(一)矿山工程3.5%；

(二)铁路工程、房屋建筑工程、城市轨道交通工程3%；

(三)水利水电工程、电力工程2.5%；

(四)冶炼工程、机电安装工程、化工石油工程、通信工程2%；

(五)市政公用工程、港口与航道工程、公路工程1.5%。

建设工程施工企业编制投标报价应当包含并单列企业安全生产费用，竞标时不得删减。国家对基本建设投资概算另有规定的，从其规定。

本办法实施前建设工程项目已经完成招投标并签订合同的，企业安全生产费用按照原规定提取标准执行。

第十八条 建设单位应当在合同中单独约定并于工程开工日一个月内向承包单位支付至少50%企业安全生产费用。

总包单位应当在合同中单独约定并于分包工程开工日一个月内将至

少50%企业安全生产费用直接支付分包单位并监督使用,分包单位不再重复提取。

工程竣工决算后结余的企业安全生产费用,应当退回建设单位。

第十九条　建设工程施工企业安全生产费用应当用于以下支出:

(一)完善、改造和维护安全防护设施设备支出(不含"三同时"要求初期投入的安全设施),包括施工现场临时用电系统、洞口或临边防护、高处作业或交叉作业防护、临时安全防护、支护及防治边坡滑坡、工程有害气体监测和通风、保障安全的机械设备、防火、防爆、防触电、防尘、防毒、防雷、防台风、防地质灾害等设施设备支出;

(二)应急救援技术装备、设施配置及维护保养支出,事故逃生和紧急避难设施设备的配置和应急救援队伍建设、应急预案制修订与应急演练支出;

(三)开展施工现场重大危险源检测、评估、监控支出,安全风险分级管控和事故隐患排查整改支出,工程项目安全生产信息化建设、运维和网络安全支出;

(四)安全生产检查、评估评价(不含新建、改建、扩建项目安全评价)、咨询和标准化建设支出;

(五)配备和更新现场作业人员安全防护用品支出;

(六)安全生产宣传、教育、培训和从业人员发现并报告事故隐患的奖励支出;

(七)安全生产适用的新技术、新标准、新工艺、新装备的推广应用支出;

(八)安全设施及特种设备检测检验、检定校准支出;

(九)安全生产责任保险支出;

(十)与安全生产直接相关的其他支出。

(3)《公路水运工程安全生产监督管理办法》(交通运输部令2017年第25号)。

第二十一条　从业单位应当保证本单位所应具备的安全生产条件必

需的资金投入。

建设单位在编制工程招标文件及项目概预算时,应当确定保障安全作业环境及安全施工措施所需的安全生产费用,并不得低于国家规定的标准。

施工单位在工程投标报价中应当包含安全生产费用并单独计提,不得作为竞争性报价。

安全生产费用应当经监理工程师审核签认,并经建设单位同意后,在项目建设成本中据实列支,严禁挪用。

(4)《公路水运工程安全生产条件通用要求》(JT/T 1404—2022)。

6.1.2 建设单位的管理制度应包含但不限于以下内容:a)全员安全生产责任制;b)安全生产会议;c)安全教育培训;d)安全生产检查;e)安全风险管理;f)事故隐患排查治理;g)平安工地建设;h)安全生产奖惩;i)安全生产费用管理;j)生产安全事故报告;k)应急管理。

6.6 风险管控和隐患排查治理

6.6.1 建设管理单位应对项目安全风险管控和隐患排查治理负管理责任,制定项目风险管控和隐患排查治理相关制度,督促各参建单位明确安全风险分级管控标准、要求,督促参建单位落实安全风险分级管控、隐患排查治理措施。

6.6.2 监理单位应督促施工单位按制度要求开展风险动态管控和隐患排查治理,并应在日常监督检查中开展隐患排查,做好台账。

6.6.3 施工单位应建立风险管控和隐患排查治理相关制度,安全风险辨识与管控、隐患排查治理应符合交通运输部等相关文件和标准要求,并应在日常检查中开展风险动态管理和隐患自查自纠、做好台账,若发现重大安全隐患应按属地和行业要求上报。

【释义】

6.6.1~6.6.3规定了风险管控和隐患排查治理的相关要求。主要编制依据如下：

(1)《安全生产事故隐患排查治理暂行规定》(国家安全生产监督管理总局令第16号)。

第四条　生产经营单位应当建立健全事故隐患排查治理制度。

生产经营单位主要负责人对本单位事故隐患排查治理工作全面负责。

第七条　生产经营单位应当依照法律、法规、规章、标准和规程的要求从事生产经营活动。严禁非法从事生产经营活动。

第八条　生产经营单位是事故隐患排查、治理和防控的责任主体。

生产经营单位应当建立健全事故隐患排查治理和建档监控等制度，逐级建立并落实从主要负责人到每个从业人员的隐患排查治理和监控责任制。

第九条　生产经营单位应当保证事故隐患排查治理所需的资金，建立资金使用专项制度。

第十条　生产经营单位应当定期组织安全生产管理人员、工程技术人员和其他相关人员排查本单位的事故隐患。对排查出的事故隐患，应当按照事故隐患的等级进行登记，建立事故隐患信息档案，并按照职责分工实施监控治理。

第十一条　生产经营单位应当建立事故隐患报告和举报奖励制度，鼓励、发动职工发现和排除事故隐患，鼓励社会公众举报。对发现、排除和举报事故隐患的有功人员，应当给予物质奖励和表彰。

第十二条　生产经营单位将生产经营项目、场所、设备发包、出租的，应当与承包、承租单位签订安全生产管理协议，并在协议中明确各方对事故隐患排查、治理和防控的管理职责。生产经营单位对承包、承租单位的事故隐患排查治理负有统一协调和监督管理的职责。

第十四条　生产经营单位应当每季、每年对本单位事故隐患排查治理情况进行统计分析，并分别于下一季度15日前和下一年1月31日前向安全监管监察部门和有关部门报送书面统计分析表。统计分析表应当由生产经营单位主要负责人签字。

对于重大事故隐患,生产经营单位除依照前款规定报送外,应当及时向安全监管监察部门和有关部门报告。重大事故隐患报告内容应当包括:

(一)隐患的现状及其产生原因;

(二)隐患的危害程度和整改难易程度分析;

(三)隐患的治理方案。

(2)《公路水运工程安全生产条件通用要求》(JT/T 1404—2022)。

7.3.1 施工单位应全员参与事故隐患排查治理,建设单位与监理单位应定期组织开展事故隐患排查督促施工单位完善排查机制。

7.3.2 重大事故隐患治理应明确责任、施、资金、时限、预案等相关要求整改过程中应采取相应的安全防范措施,整改治理完成后应通过验收。

(3)《公路水运工程生产安全重大事故隐患挂牌督办制度(暂行)》(交质监发〔2012〕577号)。

九、项目建设单位应及时将挂牌督办通知书转达给项目施工单位并告知项目监理单位。项目施工单位应结合施工特点制定重大隐患治理整改方案,明确治理责任、措施、资金、期限、应急预案、过程监控等要求。项目建设单位应积极协调勘察、设计、监理、监测等其他从业单位共同参与重大隐患治理整改,项目监理单位应加强对隐患治理过程的检查核实与整改督促。对整改不及时或不到位的施工单位,应及时反馈项目建设单位。

6.7 专项施工方案

6.7.1 建设管理单位应按《公路工程施工安全技术规范》(JTG F90—2015)等规范和文件要求制定项目《专项施工方案管理办法》。

6.7.2 施工单位应上报危险性较大分部分项工程清单至监理单位,监理单位审核后报建设管理单位备案。危险性较大的分部分项工程应包括《公路工程施工安全技术规范》(JTG F90—2015)附录A相关内容、施工安全专项风险评估结论在Ⅲ级及以上级别的工程等。

6.7.3 专项施工方案应按照《公路工程施工安全技术规范》(JTG F90—2015)等相关规定进行编制、报审,并满足以下要求:

a)工程概况:项目安全组织机构情况,危险性较大的分部分项工程概况、水文地质条件、施工平面布置、施工要求和技术保证条件;

b)编制依据:相关法律、法规、规范性文件、标准、规范及图纸(国标图集)、施工组织设计等;

c)分部分项工程风险分析、估测;

d)分部分项工程影响施工安全的风险源相关预防管控措施;

e)临时结构设计计算书;

f)安全生产费用使用计划;

g)人员计划:专职安全生产管理人员、特种作业人员等资格要求;

h)关键环节施工控制:检查验收、预警观测措施;应急预案及处置措施。

6.7.4 建设管理单位可统筹建立项目专项施工方案评审专家库。

6.7.5 监理单位、施工单位日常检查时应重点核查施工现场是否按方案施工并记录日志。

6.7.6 施工单位的专项施工方案管理应满足以下要求:

a)施工作业前应编制专项施工方案;

b)专项施工方案按规定编审论证;

c)施工作业前必须对专项施工方案进行交底;

d)施工过程中必须严格按照专项施工方案落实各项措施;

e)根据专项施工方案完成分部分项工程后必须验收合格方可进入下道工序。

【释义】

6.7.1~6.7.6规定了专项施工方案编制要求。主要编制依据为:

(1)《公路工程施工安全技术规范》(JTG F90—2015)。

3.0.2 公路工程施工应进行现场调查,应在施工组织设计中编制安全技术措施和施工现场临时用电方案,对于附录A中危险性较大的工程应编制专项施工方案(内容见附录B),并附具安全验算结果,或组织专家进行论证、审查。

(2)《公路水运工程安全生产条件通用要求》(JT/T 1404—2022)。

7.2.1 施工组织设计应明确安全技术措施和保障措施,并结合施工安全风险评估结论进行完善。

7.2.2 施工单位应按照JTG F9及TS 25-1的相关要结合工安全风险评估结论编制危险性较大分部分项工程专项施工方案,并附安全验算结果。超过一定规模的危险性较大分部分项工程的专项施工方案应通过专家论证。

7.2.3 分部分项工程与关键工序开工前施工单位应按照相关要求组织做好分级安全技术交底。

7.2.4 施工单位应按照批准的专项施工方案组织施工,专项施工方案确需调整的,应重新审批后实施。

6.8 应急管理体系

6.8.1 项目参建单位应按照《生产安全事故应急预案管理办法》(应急管理部2019年2号令)、《公路水运工程生产安全事故应急预案》(交应急发〔2017〕135号)、《生产经营单位生产安全事故应急预案编制导则》(GB/T 29639—2020)、《公路水运工程生产安全事故应急预案编制要求》(JT/T 1405—2022)等有关要求编制应急预案,并满足以下要求:

a)建设管理单位组织制定项目综合应急预案;

b)监理单位编制综合应急预案、专项应急预案,并报建设管理单位备案;

c)施工单位编制专项应急预案、现场处置方案,并报建设管理单位和监理单位备案;

d)项目应急预案体系应与上级公司及属地相关应急预案体系相衔接;

e)应急预案编制完成按属地要求组织专家审查。

6.8.2 综合应急预案是项目应急管理工作的纲领性文件,应符合下列规定:

a)从总体上阐述应急工作指导思想、实施原则、组织机构及职责、风险源分析及预防措施、事故上报、应急响应、灾后恢复、应急培训和演练、事故调查等;

b)参建各方应根据自身需要和特点编制综合应急预案,并注意与地方安监、消防、卫生等部门的联动,明确人员、设备、转移安置或加固的具体路线、措施;

c)各参建单位应根据项目特点编制消防、突发灾害性天气(大雾、雷暴、强阵风等)、交通事故等专项应急预案;

d)施工单位应结合风险评估的内容编制人员触电、落水、高处坠落等现场处置方案。

6.8.3 施工单位应组建兼职应急救援队伍,满足以下要求:

a)明确应急队伍建立的准则、队伍组成和人员要求等;

b)定期组织有关人员进行专业培训;

c)定期开展训练和演练,加强应急救援队伍的专业技能。

6.8.4 根据施工安全风险评估结论,施工单位应提出可采取的技术手段、配备的技术装备类型和数量、必要的应急救援物资。

6.8.5 建设管理单位应牵头与属地政府部门、社会救援队伍等建立联合应急救援机制。

6.8.6 项目参建单位的应急预案中应根据不同的突发事件类型明确先期处置的主要工作内容。

【释义】

6.8.1~6.8.6规定了应急管理体系相关要求。主要编制依据为:

(1)《中华人民共和国突发事件应对法》。

第二十二条 所有单位应当建立健全安全管理制度,定期检查本单位各项安全防范措施的落实情况,及时消除事故隐患;掌握并及时处理本单位存在的可能引发社会安全事件的问题,防止矛盾激化和事态扩大;对本单位可能发生的突发事件和采取安全防范措施的情况,应当按照规定及时向所在地人民政府或者人民政府有关部门报告。

第二十三条 矿山、建筑施工单位和易燃易爆物品、危险化学品、放射性物品等危险物品的生产、经营、储运、使用单位,应当制定具体应急预案,并对生产经营场所、有危险物品的建筑物、构筑物及周边环境开展隐患排查,及时采取措施消除隐患,防止发生突发事件。

第五十六条 受到自然灾害危害或者发生事故灾难、公共卫生事件的单位,应当立即组织本单位应急救援队伍和工作人员营救受害人员,疏散、撤离、安置受到威胁的人员,控制危险源,标明危险区域,封锁危险场所,并采取其他防止危害扩大的必要措施,同时向所在地县级人民政府报告;对因本单位的问题引发的或者主体是本单位人员的社会安全事件,有关单位应当按照规定上报情况,并迅速派出负责人赶赴现场开展劝解、疏导工作。

突发事件发生地的其他单位应当服从人民政府发布的决定、命令,配合人民政府采取的应急处置措施,做好本单位的应急救援工作,并积极组织人员参加所在地的应急救援和处置工作。

(2)《生产安全事故应急条例》(国务院令第708号)。

第十二条 生产经营单位应当及时将本单位应急救援队伍建立情况按照国家有关规定报送县级以上人民政府负有安全生产监督管理职责的部门,并依法向社会公布。

第十五条 生产经营单位应当对从业人员进行应急教育和培训,保证从业人员具备必要的应急知识,掌握风险防范技能和事故应急措施。

第十六条 国务院负有安全生产监督管理职责的部门应当按照国家有关规定建立生产安全事故应急救援信息系统,并采取有效措施,实现数据互联互通、信息共享。

生产经营单位可以通过生产安全事故应急救援信息系统办理生产安全事故应急救援预案备案手续,报送应急救援预案演练情况和应急救援队伍建设情况;但依法需要保密的除外。

(3)《生产安全事故报告和调查处理条例》(国务院令第493号)。

第四条 事故报告应当及时、准确、完整,任何单位和个人对事故不得迟报、漏报、谎报或者瞒报。

第九条 事故发生后,事故现场有关人员应当立即向本单位负责人报告;单位负责人接到报告后,应当于1小时内向事故发生地县级以上人民政府安全生产监督管理部门和负有安全生产监督管理职责的有关部门报告。

情况紧急时,事故现场有关人员可以直接向事故发生地县级以上人民政府安全生产监督管理部门和负有安全生产监督管理职责的有关部门报告。

第十三条 事故报告后出现新情况的,应当及时补报。

自事故发生之日起30日内,事故造成的伤亡人数发生变化的,应当及时补报。道路交通事故、火灾事故自发生之日起7日内,事故造成的伤亡人数发生变化的,应当及时补报。

第十四条 事故发生单位负责人接到事故报告后,应当立即启动事故相应应急预案,或者采取有效措施,组织抢救,防止事故扩大,减少人员伤亡和财产损失。

第三十三条 事故发生单位应当认真吸取事故教训,落实防范和整改措施,防止事故再次发生。防范和整改措施的落实情况应当接受工会和职工的监督。

安全生产监督管理部门和负有安全生产监督管理职责的有关部门应当对事故发生单位落实防范和整改措施的情况进行监督检查。

(4)《公路水运工程安全生产监督管理办法》(交通运输部令2017年第25号)。

第二十五条 建设、施工等单位应当针对工程项目特点和风险评估情况分别制定项目综合应急预案、合同段施工专项应急预案和现场处置方案,告知相关人员紧急避险措施,并定期组织演练。

施工单位应当依法建立应急救援组织或者指定工程现场兼职的、具有一定专业能力的应急救援人员,配备必要的应急救援器材、设备和物资,并进行经常性维护、保养。

(5)《生产安全事故信息报告和处置办法》(国家安全生产监督管理总局令第21号)。

第六条 生产经营单位发生生产安全事故或者较大涉险事故,其单位负责人接到事故信息报告后应当于1小时内报告事故发生地县级安全生产监督管理部门、煤矿安全监察分局。

发生较大以上生产安全事故的,事故发生单位在依照第一款规定报告的同时,应当在1小时内报告省级安全生产监督管理部门、省级煤矿安全监察机构。

发生重大、特别重大生产安全事故的,事故发生单位在依照本条第一款、第二款规定报告的同时,可以立即报告国家安全生产监督管理总局、国家煤矿安全监察局。

(6)《生产安全事故应急预案管理办法》(2019年修订)。

第五条 生产经营单位主要负责人负责组织编制和实施本单位的应急预案,并对应急预案的真实性和实用性负责;各分管负责人应当按照职责分工落实应急预案规定的职责。

第六条 生产经营单位应急预案分为综合应急预案、专项应急预案和现场处置方案。

(7)《突发事件应急预案管理办法》(国办发〔2013〕101号)。

第九条 单位和基层组织应急预案由机关、企业、事业单位、社会团体和居委会、村委会等法人和基层组织制定,侧重明确应急响应责任人、风险隐患监测、信息报告、预警响应、应急处置、人员疏散撤离组织和路线、可调用或可请求援助的应急资源情况及如何实施等,体现自救互救、信息报告和先期处置特点。

大型企业集团可根据相关标准规范和实际工作需要,参照国际惯例,建立本集团应急预案体系。

第十三条　各级人民政府应当针对本行政区域多发易发突发事件、主要风险等,制定本级政府及其部门应急预案编制规划,并根据实际情况变化适时修订完善。

单位和基层组织可根据应对突发事件需要,制定本单位、本基层组织应急预案编制计划。

第十四条　应急预案编制部门和单位应组成预案编制工作小组,吸收预案涉及主要部门和单位业务相关人员、有关专家及有现场处置经验的人员参加。编制工作小组组长由应急预案编制部门或单位有关负责人担任。

第十五条　编制应急预案应当在开展风险评估和应急资源调查的基础上进行。

第十八条　应急预案审核内容主要包括预案是否符合有关法律、行政法规,是否与有关应急预案进行了衔接,各方面意见是否一致,主体内容是否完备,责任分工是否合理明确,应急响应级别设计是否合理,应对措施是否具体简明、管用可行等。必要时,应急预案审批单位可组织有关专家对应急预案进行评审。

第十九条　国家总体应急预案报国务院审批,以国务院名义印发;专项应急预案报国务院审批,以国务院办公厅名义印发;部门应急预案由部门有关会议审议决定,以部门名义印发,必要时,可以由国务院办公厅转发。

地方各级人民政府总体应急预案应当经本级人民政府常务会议审议,以本级人民政府名义印发;专项应急预案应当经本级人民政府审批,必要时经本级人民政府常务会议或专题会议审议,以本级人民政府办公厅(室)名义印发;部门应急预案应当经部门有关会议审议,以部门名义印发,必要时,可以由本级人民政府办公厅(室)转发。

单位和基层组织应急预案须经本单位或基层组织主要负责人或分管负责人签发,审批方式根据实际情况确定。

第二十二条 应急预案编制单位应当建立应急演练制度,根据实际情况采取实战演练、桌面推演等方式,组织开展人员广泛参与、处置联动性强、形式多样、节约高效的应急演练。

专项应急预案、部门应急预案至少每3年进行一次应急演练。

第二十三条 应急演练组织单位应当组织演练评估。评估的主要内容包括:演练的执行情况,预案的合理性与可操作性,指挥协调和应急联动情况,应急人员的处置情况,演练所用设备装备的适用性,对完善预案、应急准备、应急机制、应急措施等方面的意见和建议等。

第二十八条 应急预案编制单位应当通过编发培训材料、举办培训班、开展工作研讨等方式,对与应急预案实施密切相关的管理人员和专业救援人员等组织开展应急预案培训。

各级政府及其有关部门应将应急预案培训作为应急管理培训的重要内容,纳入领导干部培训、公务员培训、应急管理干部日常培训内容。

(8)《生产经营单位生产安全事故应急预案编制导则》(GB/T 29639—2020)。

(9)《公路水运工程生产安全事故应急预案》(交应急发〔2017〕135号)。

(10)《公路水运工程生产安全事故应急预案编制要求》(JT/T 1405—2022)。

(11)《公路水运工程项目生产安全事故应急预案》。

第九条 编制应急预案应当成立编制工作小组,由本单位有关负责人任组长,吸收与应急预案有关的职能部门和单位的人员,以及有现场处置经验的人员参加。

第十条 编制应急预案前,编制单位应当进行事故风险辨识、评估和应急资源调查。

事故风险辨识、评估，是指针对不同事故种类及特点，识别存在的危险危害因素，分析事故可能产生的直接后果以及次生、衍生后果，评估各种后果的危害程度和影响范围，提出防范和控制事故风险措施的过程。

应急资源调查，是指全面调查本地区、本单位第一时间可以调用的应急资源状况和合作区域内可以请求援助的应急资源状况，并结合事故风险辨识评估结论制定应急措施的过程。

第十三条　生产经营单位风险种类多、可能发生多种类型事故的，应当组织编制综合应急预案。

综合应急预案应当规定应急组织机构及其职责、应急预案体系、事故风险描述、预警及信息报告、应急响应、保障措施、应急预案管理等内容。

第十四条　对于某一种或者多种类型的事故风险，生产经营单位可以编制相应的专项应急预案，或将专项应急预案并入综合应急预案。

专项应急预案应当规定应急指挥机构与职责、处置程序和措施等内容。

1.6　项目预案是公路水运工程项目建设或施工等参建单位制定的生产安全事故应急预案。本层级预案包括项目综合应急预案、合同段施工专项应急预案和现场处置方案。按照本预案和地方预案的总体要求，建设单位根据建设条件、自然环境、工程特点和风险特征等，制定项目综合应急预案；施工单位根据项目综合应急预案，结合施工工艺、地质、水文和气候等实际情况，对危险性较大的分部分项工程和风险等级较高的作业活动，编制合同段施工专项应急预案或现场处置方案。

2.4　项目级应急组织机构

项目建设单位应设立应急组织机构，协调各合同段施工单位的应急资源，按规定及时向交通、安监等属地直接监管的负有安全生产监督管理职责的有关部门报送事故情况，组织相邻合同段之间的自救互救，控制事故的蔓延和扩大，并保护事故现场。项目建设单位应急管理工作，应当按照属地政府和直接监管的相关主管部门的有关规定执行。

6.9 设备安全管理

6.9.1 建设管理单位宜针对施工安全总体风险评估结果在Ⅲ级及以上等级的单位工程使用的特种设备和专用设备,提出必要的安全管理人员、安全设施等配置要求,督促参建单位做好大型设备安拆方案编制审查、设备入场验收等工作。

6.9.2 监理单位应组织开展特种设备入场核查,核查内容包括:

a)设备选型及证书是否符合;

b)设备操作工持证是否符合相关要求;

c)设备安拆方案编审、审查程序是否合规,现场是否按方案实施;

d)设备信息是否公示;

e)重大设备安全隐患排查整改是否到位;

f)设备安全监控预警系统是否正常。

6.9.3 施工单位选用特种设备时应在招标(采购)文件中提出相关要求,并符合下列规定:

a)编制特种设备选型和安拆方案,按《公路工程施工安全技术规范》(JTG F90—2015)附录A相关要求组织评审;

b)搭拆由专业机构开展,并经施工单位和监理单位联合验收后方可投入使用;

c)委托有资质的特种设备检测单位对特种设备进行检验检测;

d)对于超过2年或周转次数超过5次的主要构件探伤后使用;

e)特种设备监控设备完好。

6.9.4 专用设备(汽车起重机、挂篮、爬模、浮式起重机等)宜参照特种设备管理。

6.9.5 施工单位采用的专用设备应编制专项方案、专业设计、经专家评审并附第三方验算。

6.9.6 施工单位应核查施工车辆初始状态和证件(含驾驶员证件)符

合性。

【释义】

6.9.1～6.9.5规定了设备安全管理相关要求。主要编制依据为：

(1)《中华人民共和国特种设备安全法》(2013年修订)。

第三十三条　特种设备使用单位应当在特种设备投入使用前或者投入使用后三十日内，向负责特种设备安全监督管理的部门办理使用登记，取得使用登记证书。登记标志应当置于该特种设备的显著位置。

第三十四条　特种设备使用单位应当建立岗位责任、隐患治理、应急救援等安全管理制度，制定操作规程，保证特种设备安全运行。

第三十五条　特种设备使用单位应当建立特种设备安全技术档案。安全技术档案应当包括以下内容：

(一)特种设备的设计文件、产品质量合格证明、安装及使用维护保养说明、监督检验证明等相关技术资料和文件；

(二)特种设备的定期检验和定期自行检查记录；

(三)特种设备的日常使用状况记录；

(四)特种设备及其附属仪器仪表的维护保养记录；

(五)特种设备的运行故障和事故记录。

第三十七条　特种设备的使用应当具有规定的安全距离、安全防护措施。

(2)《特种设备安全监察条例》(2009年修订)。

第二十四条　特种设备使用单位应当使用符合安全技术规范要求的特种设备。特种设备投入使用前，使用单位应当核对其是否附有本条例第十五条规定的相关文件。

第二十五条　特种设备在投入使用前或者投入使用后30日内，特种设备使用单位应当向直辖市或者设区的市的特种设备安全监督管理部门登记。登记标志应当置于或者附着于该特种设备的显著位置。

第二十六条　特种设备使用单位应当建立特种设备安全技术档案。

安全技术档案应当包括以下内容：

（一）特种设备的设计文件、制造单位、产品质量合格证明、使用维护说明等文件以及安装技术文件和资料；

（二）特种设备的定期检验和定期自行检查的记录；

（三）特种设备的日常使用状况记录；

（四）特种设备及其安全附件、安全保护装置、测量调控装置及有关附属仪器仪表的日常维护保养记录；

（五）特种设备运行故障和事故记录；

（六）高耗能特种设备的能效测试报告、能耗状况记录以及节能改造技术资料。

第二十九条 特种设备出现故障或者发生异常情况，使用单位应当对其进行全面检查，消除事故隐患后，方可重新投入使用。

特种设备不符合能效指标的，特种设备使用单位应当采取相应措施进行整改。

(3)《公路水运工程安全生产监督管理办法》(交通运输部令2017年第25号)。

第十七条 施工中使用的施工机械、设施、机具以及安全防护用品、用具和配件等应当具有生产(制造)许可证、产品合格证或者法定检验检测合格证明，并设立专人查验、定期检查和更新，建立相应的资料档案。无查验合格记录的不得投入使用。

第十八条 特种设备使用单位应当依法取得特种设备使用登记证书，建立特种设备安全技术档案，并将登记标志置于该特种设备的显著位置。

第十九条 翻模、滑(爬)模等自升式架设设施，以及自行设计、组装或者改装的施工挂(吊)篮、移动模架等设施在投入使用前，施工单位应当组织有关单位进行验收，或者委托具有相应资质的检验检测机构进行验收。验收合格后方可使用。

(4)《公路工程施工安全技术规范》(JTG/T F90—2015)。

4.6.6 施工现场专用机动车辆驾驶人员应按相关规定经过专门培训,并应取得相应资格证书。

附录A 危险性较大的工程,序号7,采用非常规起重设备、方法,且单件起吊重量在100kN及以上的起重吊装工程。起重重量在300kN及以上的起重设备安装、拆卸工程。

6.10 平安工地考评

参建单位应按照"平安工地"相关要求每年定期开展平安工地考核,并应完成《平安工地建设实施方案》《平安工地考核台账》《监理单位考核评价表》《施工单位基础管理考核评价表》《施工单位施工现场考核评价表》《危险性较大的分部分项工程施工前安全生产条件核查表》。

【释义】

6.10规定了平安工地考评相关要求。

主要编制依据如下:

(1)《公路水运工程平安工地建设管理办法》(交安监发〔2018〕43号)。

第六条 公路水运工程建设项目应当保障安全生产条件,落实安全生产责任,建立项目安全生产管理体系,实现安全管理程序化、现场防护标准化、风险管控科学化、隐患治理常态化、应急救援规范化,并持续改进。

第七条 公路水运工程项目应当具备法律、法规、规章和工程建设强制性标准规定的安全生产条件,并在项目招(投)标文件、合同文本,以及施工组织设计和专项施工方案中予以明确。从业单位应当保证本单位所应具备的安全生产条件必需的资金投入,任何单位和个人不得降低安全生产条件。

第八条 公路水运工程项目从业单位应当依法依规制定完善全员安全生产责任制,明确各岗位的责任人员、责任范围和考核标准等内容,并进行公示。施工、监理单位项目负责人安全生产责任考核结果应作为合同履约考核内容,每年定期向建设单位报送。

第九条 公路水运工程项目从业单位应当贯彻执行安全生产法律法规和标准规范,以施工现场和施工班组为重点,加强施工场地布设、现场安全防护、施工方法与工艺、应急处置措施、施工安全管理活动记录等方面的安全生产标准化建设。

第十条 公路水运工程实施安全风险分级管控。项目从业单位应当全面开展风险辨识,按规定开展设计、施工安全风险评估,依据评估结论完善设计方案、施工组织设计、专项施工方案及应急预案。

第十一条 安全生产事故隐患排查治理实行常态化、闭合管理。项目从业单位应当建立健全事故隐患排查治理制度,明确事故隐患排查、告知(预警)、整改、评估验收、报备、奖惩考核、建档等内容,逐级明确事故隐患治理责任,落实到具体岗位和人员。按规定对隐患排查、登记、治理、销号等全过程予以记录,并向从业人员通报。

重大事故隐患应当在确定后5个工作日内向直接监管的交通运输主管部门报备,其中涉及民爆物品、危险化学品及特种设备等重大事故隐患的,还应向相应的主管部门报备。

重大事故隐患整改应当制定专项方案,确保责任、措施、资金、时限、预案到位。整改完成后应当由施工单位成立事故隐患整改验收组进行专项验收,可组织专家对重大事故隐患治理情况进行评估。整改验收通过的,施工单位应将验收结论向直接监管的交通运输主管部门报备,并申请销号。

第十二条 公路水运工程从业单位应当按要求制定相应的项目综合应急预案、施工合同段的专项应急预案和现场处置方案,并定期组织演练。依法建立项目应急救援组织或者指定工程现场兼职的、具有一定专业能力的应急救援人员,定期开展专业培训。结合工程实际编制应急资源清单,配备必要的应急救援器材、设备和物资,进行经常性维护、保养和更新。

第十五条 建设单位是施工、监理合同段平安工地建设考核评价的主体，应当建立平安工地建设、考核、奖惩等制度，将平安工地建设情况纳入合同履约管理，加强过程督促检查，对项目平安工地建设负总责。

建设单位应当按照《标准》要求，在项目开工前组织安全生产条件审核，每半年对项目所有施工、监理合同段组织一次平安工地建设考核评价，对自身安全管理行为进行自评，建立相应考核评价记录并及时存档；开工前安全生产条件审核结果以及施工过程中的平安工地建设考核评价结果，应当及时通过平安工地建设管理系统，向直接监管的交通运输主管部门报送。

(2)《交通运输部办公厅关于进一步推进公路水运工程平安工地建设的通知》（交办安监〔2020〕44号）。

(一)切实树立把事故隐患当作事故对待的理念。各地交通运输主管部门、参建单位和从业人员要严格落实《办法》关于安全生产事故隐患排查治理的要求，进一步强化把事故隐患当作事故对待的理念，坚持事故隐患零容忍。要进一步严格落实安全生产领导责任、监管责任、主体责任和岗位责任，不断织密安全网、拧紧安全阀，切实做到事故隐患发现一处、查实一处、登记一处、治理一处、销号一处。重大事故隐患要严格落实报备制度，查清责任、严肃追责、加强整改、举一反三，杜绝麻痹思想和侥幸心理。

(二)加强施工安全风险分级管控。进一步完善公路水运工程施工安全风险评估制度，科学辨识、逐项评估、严格管控安全生产风险。要加强重点工程、高风险工程部位、重大施工工艺风险评估和监控预警，科学管控风险点、危险源，坚决把隐患消除在萌芽状态。要进一步明确参建各方风险分级管控工作职责、工作任务、防治措施，建立有效的评估防控工作机制。

(三)积极推行工程项目"零死亡"平安工地建设目标。各地交通运输主管部门要引导参建单位积极推行建设项目"零死亡"目标，不断细化实化各项措施，将"零死亡"目标要求全面融入安全生产体系建设、安全生产责任落实、安全生产条件核查、安全风险防控、隐患排查治理等具体工作中。要加强安全生产基层、基础、基本功建设,推进安全生产管理规范化、标准化、信息化,加大机械化换人、自动化减人力度,不断提升工程本质安全水平。

(四)公路水运工程建设项目实现平安工地建设全覆盖。省级交通运输主管部门要按照《办法》要求,进一步完善本地区平安工地建设管理制度和建设标准,推进公路水运工程建设项目、施工和监理合同段全面实施平安工地建设管理,加强考核评价,全面达到平安工地建设合格标准。对平安工地建设流于形式、弄虚作假、存在重大安全风险未有效管控、重大事故隐患未及时整改的单位和人员,依法依规严肃处理。

6.11 班组作业标准化

6.11.1 作业人员进场应满足以下要求:

a)进场人员需为60周岁以下,提供3个月内入职体检报告,无重大疾病,并满足施工作业身体要求;

b)进行实名制登记、三级安全教育培训和安全技术交底,满足规定的课时要求,通过考核后允许进场,并签订岗位危险告知书、安全生产责任书、安全承诺书,签字领取安全帽、工作服及其他作业需要的安全防护用品;

c)特种作业人员或特殊工种需提供操作证或资格证复印件,退场时及时向监理单位、建设管理单位进行进退场报审;

d)班组作业人员退场时,须及时报告施工单位,经施工单位同意后方可退场。

6.11.2 每日班前会满足以下要求:

a)班前会应在每天班组作业前开展;

b)应由班组长对当日施工内容进行施工安全、质量控制、施工技术、风险管控或事故案例等方面进行讲解、提示或强调。

6.11.3 施工班组应实行"班组首件制",满足以下要求:

a)班组正式上岗前由施工单位组织班组首件制考核;

b)首件制考核包括安全操作、工艺技能、工程质量等方面;

c)评判合格则可进场进行后续施工,评判不合格则重新进行首件考核,三次不合格则予以清退。

6.11.4 施工班组实行"6步走"日循环管理,满足以下要求:

a)"6步走"的流程为班前提示-班前检查-班中巡查-班后清理-班后交接-班后小结;

b)班组安全巡视员以视频方式记录班组日常活动、班组周例会,形成班组安全管理台账。

6.11.5 施工单位应以日常巡查和月度考核结果等作为评比依据,对施工班组进行安全考核。

6.11.6 施工单位宜组织班组立功竞赛、工人技能比武、现场会、交流会、隐患随手拍、定期考核表彰、交叉检查等活动。

【释义】

6.11.1～6.11.4主要规定了班组作业标准化相关规定。主要编制依据为:

(1)《中华人民共和国安全生产法》(2021年修订)。

第二十八条 生产经营单位应当对从业人员进行安全生产教育和培训,保证从业人员具备必要的安全生产知识,熟悉有关的安全生产规章制度和安全操作规程,掌握本岗位的安全操作技能,了解事故应急处理措施,知悉自身在安全生产方面的权利和义务。未经安全生产教育和培训合格的从业人员,不得上岗作业。

生产经营单位使用被派遣劳动者的,应当将被派遣劳动者纳入本单位从业人员统一管理,对被派遣劳动者进行岗位安全操作规程和安全操作技能的教育和培训。劳务派遣单位应当对被派遣劳动者进行必要的安全生产教育和培训。

生产经营单位接收中等职业学校、高等学校学生实习的,应当对实习学生进行相应的安全生产教育和培训,提供必要的劳动防护用品。学校应当协助生产经营单位对实习学生进行安全生产教育和培训。

生产经营单位应当建立安全生产教育和培训档案,如实记录安全生产教育和培训的时间、内容、参加人员以及考核结果等情况。

(2)《班组规范化管理指南》。

6.12 现场安全通用管理

6.12.1 施工单位应按照《公路水运工程施工安全标准化指南》等相关要求,落实工点工厂化、安全防护标准化和标志标牌标准化等各项安全生产标准化工作。

6.12.2 施工单位应按照"集中拌和、集中预制、集中加工""减少分散作业量、减少野外工序、减少传统施工"的工作理念,开展"两区三厂"设计和建设方案制定。

6.12.3 施工单位"两区三厂"建设应明确标准,并符合下列规定:

a)采用大型化、智能化施工设备,提出污水、粉尘处理的环保标准等;

b)对临建设施进行专项设计,按照"先方案审批后实施、先工艺审批后操作、建设验收通过后使用"的原则执行;

c)做好场地规划,各类功能区及通道按作业流程布设,管线采取暗埋设置,按要求布设宣传栏、工点工厂化布置图及风险等级布置图等;

d)落实班前讲台、民工学校、工点安全驿站、班组亲情墙、应急物资储备室等;

e)临建设施建成后,由项目监理单位组织验收通过后方能投产;

f)"两区三厂"应经过专项设计。

6.12.4 在隧道、临时厂站和施工影响道路等区域,宜在分部分项工程施工前设置各种满足作业需要的安全通道,可推广使用定型化、装配式通道。

6.12.5 施工现场标志标牌设置应满足以下要求:

a)依据《公路水运工程施工安全标准化指南》等有关安全标准化的相

关要求,明确安全标志标牌的设置位置和管理要求,规范"五牌一图"(施工告示牌、安全生产牌、文明施工牌、危险源告知牌、消防保卫牌以及施工平面布置图)、班组信息牌和其他禁止、警告、指令、提示安全标志牌的内容和样式;

b)标志标牌安装牢固、外观清晰、颜色醒目、尺寸合理;

c)在夜间和视线不良的作业区,设置警示灯或反光设施。

6.12.6 施工单位宜选用定型安全防护设施。

6.12.7 应在下挖工程施工前复查地下管线的埋置位置及走向,并按要求采取防护措施,当在施工中发现危险品或其他可疑物品时,应立即停止下挖,并报请有关部门处理。

6.12.8 施工单位应按规定办理涉路施工行政许可,并满足以下要求:

a)涉路施工严格按照《公路养护安全作业规程》(JTG H30—2015)、《公路工程施工安全技术规范》(JTG F90—2015)、《道路交通标志和标线 第四部分:作业区》(GB 5768.4—2017)等相关标准和高速交警、路政等要求落实安全管理;

b)编制交通安全组织方案、组织专家论证并按方案施工;

c)可能影响既有构造物结构稳定的,应做好施工前、施工中及施工后监测;

d)涉路施工推行"首件制"。

6.12.9 项目驻地、厂站、服务区改建应严防火灾事故,高处电焊、气割作业,作业区周围和下方应采取防火措施,按要求配备消防器材,应有专人巡视。

【释义】

6.12.1~6.12.9规定了现场安全通用管理相关要求。主要编制依据如下:

(1)《公路养护安全作业规程》(JTG H30—2015)。

(2)《公路工程施工安全技术规范》(JTG F90—2015)。

(3)《公路水运工程施工安全标准化指南》。

(4)《"两区三厂"建设安全标准化指南》。

4.1.2 "两区三厂"的规划应根据工程内容和施工组织的要求确定,并应综合考虑以下要素:

(1)既有公路、铁路与施工现场的相互关系。

(2)周边的地形、地貌及地表附着物。

(3)沿线的便道、便桥、水源及电力设施。

4.1.3 "两区三厂"总体平面规划图中应包含排水系统、临时用电、消防设施、安全通道,具体功能区划分如下:

(1)"两区"应包含办公室、会议室、食堂、宿舍及卫浴间等相关区域,宜设置活动室。

(2)钢筋加工厂应包含原材料存放区、加工区、半成品存放区及成品存放区等。

(3)拌和厂应包含原材料存放区、拌和区、试验室、沉淀处理区及车辆停放区等。

(4)预制厂应包含原材料存放区、钢筋加工区、预制区和存储区等。

6.13 大型临时结构施工安全管理

6.13.1 大型临时结构施工现场管理,满足以下要求:

a)施工单位进场后应确定大型临时结构清单,并报监理单位审批;

b)若为租赁或购买,应有相关资质单位的材料;

c)监理单位应组织做好进场、使用、拆除"三阶段"检查验收。

6.13.2 大型临时结构应按照设计要求编制大型临时结构专项施工方案,经专家评审后组织施工和验收,满足以下要求:

a)大型临时结构方案编制按照超过一定规模较大分部分项工程专项方案进行管理;

b)大型临时结构关键受力工况、受力点等应做验算;

c)大型临时结构方案主要内容包括施工工艺与方案的制定,结构的制造、拼装、验收、使用及拆除等环节。

【释义】

6.13.1～6.13.2规定了大型临时结构施工安全管理。主要编制依据为：

《公路工程施工安全技术规范》(JTG F90—2015)。

4.2、4.3节相关内容。

6.14 主要结构物现场安全管理

桥梁工程、隧道工程、路堑高边坡工程施工安全监督检查,参照《公路水运工程平安工地建设管理办法》(交安监发〔2018〕43号)附录检查表执行。

【释义】

6.14.1规定了主要结构物现场安全管理。主要编制依据为：

《公路水运工程平安工地建设管理办法》(交安监发〔2018〕43号)。

附录中基础安全管理和公路工程现场安全管理相关内容。

6.15 交通组织方案

6.15.1 施工单位应根据《公路安全保护条例》(国务院令〔2011〕593号)、《公路养护安全作业规程》(JTG H30—2015)等相关要求开展施工阶段的交通组织方案的审查与交通安全评估相关工作。

6.15.2 建设管理单位牵头组织申报涉路施工许可,同设计方案、施工方案、安全评价报告一并提交路政管理机关,组织召开专家评审会,并经路政和交警审核通过。

【释义】

6.15.1～6.15.2规定了交通组织方案相关规定。主要编制依据为：

(1)《中华人民共和国公路法》(2017年修订)。

第三十二条 改建公路时,施工单位应当在施工路段两端设置明显的施工标志、安全标志。需要车辆绕行的，应当在绕行路口设置标志；不能绕行的，必须修建临时道路，保证车辆和行人通行。

第四十四条 任何单位和个人不得擅自占用、挖掘公路。

因修建铁路、机场、电站、通信设施、水利工程和进行其他建设工程需要占用、挖掘公路或者使公路改线的，建设单位应当事先征得有关交通主管部门的同意；影响交通安全的，还须征得有关公安机关的同意。占用、挖掘公路或者使公路改线的，建设单位应当按照不低于该段公路原有的技术标准予以修复、改建或者给予相应的经济补偿。

第四十五条 跨越、穿越公路修建桥梁、渡槽或者架设、埋设管线等设施的，以及在公路用地范围内架设、埋设管线、电缆等设施的，应当事先经有关交通主管部门同意，影响交通安全的，还须征得有关公安机关的同意；所修建、架设或者埋设的设施应当符合公路工程技术标准的要求。对公路造成损坏的，应当按照损坏程度给予补偿。

(2)《公路安全保护条例》(国务院令〔2011〕593号)。

第二十八条 申请进行涉路施工活动的建设单位应当向公路管理机构提交下列材料：

(一)符合有关技术标准、规范要求的设计和施工方案；

(二)保障公路、公路附属设施质量和安全的技术评价报告；

(三)处置施工险情和意外事故的应急方案。

公路管理机构应当自受理申请之日起20日内作出许可或者不予许可的决定；影响交通安全的，应当征得公安机关交通管理部门的同意；涉及经营性公路的，应当征求公路经营企业的意见；不予许可的，公路管理机构应当书面通知申请人并说明理由。

第二十九条 建设单位应当按照许可的设计和施工方案进行施工作业，并落实保障公路、公路附属设施质量和安全的防护措施。

涉路施工完毕，公路管理机构应当对公路、公路附属设施是否达到规定的技术标准以及施工是否符合保障公路、公路附属设施质量和安全的要求进行验收;影响交通安全的,还应当经公安机关交通管理部门验收。

涉路工程设施的所有人、管理人应当加强维护和管理,确保工程设施不影响公路的完好、安全和畅通。

6.16 自然灾害应对

6.16.1 针对可能发生的暴雨、暴雪、高温、雷暴、洪水、地震等自然灾害,施工单位应完善应急预案体系,明确各岗位职责,落实应急预案培训、应急演练。

6.16.2 施工单位应落实施工现场高大设备避雷等安全设施。

6.17 安全智慧化管理

6.17.1 建设管理单位宜组织参建单位积极使用信息化系统辅助项目安全管理。

6.17.2 隧道施工应配备门禁系统、逃生系统和视频监控系统。

6.17.3 存在不良地质、特殊性岩土等高风险隧道、长度1km以上的隧道应配备通信联络系统、报警系统和人员识别定位系统。

【释义】

6.16~6.17规定了自然灾害应对、安全智慧化管理相关要求。主要编制依据为:

《公路水运工程平安工地建设管理办法》(交安监发〔2018〕43号)。

6.18 消防安全管理

6.18.1 建设管理单位应落实消防安全责任制,制定本项目的消防安全制度、消防安全操作规程,制定灭火和应急疏散预案。

6.18.2 施工单位应按照国家标准、行业标准配置消防设施、器材,设置消防安全标志,并定期组织检验、维修,确保消防设施、器材及安全标志完好有效。

6.18.3 施工单位应对消防设施每年至少进行一次全面检测,确保完好有效,检测记录应当完整准确,存档备查。

6.18.4 施工单位应保障疏散通道、安全出口、消防车通道畅通,保证防火防烟分区、防火间距符合消防技术标准。

6.18.5 施工单位应组织防火检查,及时消除火灾隐患。

6.18.6 施工单位应组织进行有针对性的消防演练。

【释义】

6.18.1~6.18.6主要规定了项目消防安全管理主要内容。主要编制依据为:

(1)《中华人民共和国消防法》(2021年修订)。

第五条 任何单位和个人都有维护消防安全、保护消防设施、预防火灾、报告火警的义务。任何单位和成年人都有参加有组织的灭火工作的义务。

第九条 建设工程的消防设计、施工必须符合国家工程建设消防技术标准。建设、设计、施工、工程监理等单位依法对建设工程的消防设计、施工质量负责。

第十条 对按照国家工程建设消防技术标准需要进行消防设计的建设工程,实行建设工程消防设计审查验收制度。

第十一条 国务院住房和城乡建设主管部门规定的特殊建设工程,建设单位应当将消防设计文件报送住房和城乡建设主管部门审查,住房和城乡建设主管部门依法对审查的结果负责。

第十三条 国务院住房和城乡建设主管部门规定应当申请消防验收的建设工程竣工,建设单位应当向住房和城乡建设主管部门申请消防验收。

前款规定以外的其他建设工程,建设单位在验收后应当报住房和城乡建设主管部门备案,住房和城乡建设主管部门应当进行抽查。

依法应当进行消防验收的建设工程,未经消防验收或者消防验收不合格的,禁止投入使用;其他建设工程经依法抽查不合格的,应当停止使用。

第十六条 机关、团体、企业、事业等单位应当履行下列消防安全职责:

(一)落实消防安全责任制,制定本单位的消防安全制度、消防安全操作规程,制定灭火和应急疏散预案;

(二)按照国家标准、行业标准配置消防设施、器材,设置消防安全标志,并定期组织检验、维修,确保完好有效;

(三)对建筑消防设施每年至少进行一次全面检测,确保完好有效,检测记录应当完整准确,存档备查;

(四)保障疏散通道、安全出口、消防车通道畅通,保证防火防烟分区、防火间距符合消防技术标准;

(五)组织防火检查,及时消除火灾隐患;

(六)组织进行有针对性的消防演练;

(七)法律、法规规定的其他消防安全职责。

单位的主要负责人是本单位的消防安全责任人。

第四十四条 任何人发现火灾都应当立即报警。任何单位、个人都应当无偿为报警提供便利,不得阻拦报警。严禁谎报火警。

(2)《消防安全责任制实施办法》(国办发〔2017〕87号)。

第十五条 机关、团体、企业、事业等单位应当落实消防安全主体责任,履行下列职责:

(一)明确各级、各岗位消防安全责任人及其职责,制定本单位的消防安全制度、消防安全操作规程、灭火和应急疏散预案。定期组织开展灭火和应急疏散演练,进行消防工作检查考核,保证各项规章制度落实。

(二)保证防火检查巡查、消防设施器材维护保养、建筑消防设施检测、火灾隐患整改、专职或志愿消防队和微型消防站建设等消防工作所需资金的投入。生产经营单位安全费用应当保证适当比例用于消防工作。

(三)按照相关标准配备消防设施、器材,设置消防安全标志,定期检验维修,对建筑消防设施每年至少进行一次全面检测,确保完好有效。设有消防控制室的,实行24小时值班制度,每班不少于2人,并持证上岗。

(四)保障疏散通道、安全出口、消防车通道畅通,保证防火防烟分区、防火间距符合消防技术标准。人员密集场所的门窗不得设置影响逃生和灭火救援的障碍物。保证建筑构件、建筑材料和室内装修装饰材料等符合消防技术标准。

(五)定期开展防火检查、巡查,及时消除火灾隐患。

(六)根据需要建立专职或志愿消防队、微型消防站,加强队伍建设,定期组织训练演练,加强消防装备配备和灭火药剂储备,建立与公安消防队联勤联动机制,提高扑救初起火灾能力。

(七)消防法律、法规、规章以及政策文件规定的其他职责。

第十八条　同一建筑物由两个以上单位管理或使用的,应当明确各方的消防安全责任,并确定责任人对共用的疏散通道、安全出口、建筑消防设施和消防车通道进行统一管理。

第二十一条　建设工程的建设、设计、施工和监理等单位应当遵守消防法律、法规、规章和工程建设消防技术标准,在工程设计使用年限内对工程的消防设计、施工质量承担终身责任。

(3)《机关、团体、企业、事业单位消防安全管理规定》(公安部令2001年第61号)。

第四条　法人单位的法定代表人或者非法人单位的主要负责人是单位的消防安全责任人,对本单位的消防安全工作全面负责。

第五条　单位应当落实逐级消防安全责任制和岗位消防安全责任制,明确逐级和岗位消防安全职责,确定各级、各岗位的消防安全责任人。

第六条　单位的消防安全责任人应当履行下列消防安全职责:

(一)贯彻执行消防法规,保障单位消防安全符合规定,掌握本单位的消防安全情况;

(二)将消防工作与本单位的生产、科研、经营、管理等活动统筹安排,批准实施年度消防工作计划；

（三）为本单位的消防安全提供必要的经费和组织保障；

（四）确定逐级消防安全责任，批准实施消防安全制度和保障消防安全的操作规程；

（五）组织防火检查，督促落实火灾隐患整改，及时处理涉及消防安全的重大问题；

（六）根据消防法规的规定建立专职消防队、义务消防队；

（七）组织制定符合本单位实际的灭火和应急疏散预案，并实施演练。

第七条 单位可以根据需要确定本单位的消防安全管理人。消防安全管理人对单位的消防安全责任人负责，实施和组织落实下列消防安全管理工作：

（一）拟订年度消防工作计划，组织实施日常消防安全管理工作；

（二）组织制订消防安全制度和保障消防安全的操作规程并检查督促其落实；

（三）拟订消防安全工作的资金投入和组织保障方案；

（四）组织实施防火检查和火灾隐患整改工作；

（五）组织实施对本单位消防设施、灭火器材和消防安全标志的维护保养，确保其完好有效，确保疏散通道和安全出口畅通；

（六）组织管理专职消防队和义务消防队；

（七）在员工中组织开展消防知识、技能的宣传教育和培训，组织灭火和应急疏散预案的实施和演练；

（八）单位消防安全责任人委托的其他消防安全管理工作。

消防安全管理人应当定期向消防安全责任人报告消防安全情况，及时报告涉及消防安全的重大问题。未确定消防安全管理人的单位，前款规定的消防安全管理工作由单位消防安全责任人负责实施。

第九条 对于有两个以上产权单位和使用单位的建筑物，各产权单位、使用单位对消防车通道、涉及公共消防安全的疏散设施和其他建筑消防设施应当明确管理责任,可以委托统一管理。

第十二条　建筑工程施工现场的消防安全由施工单位负责。实行施工总承包的,由总承包单位负责。分包单位向总承包单位负责,服从总承包单位对施工现场的消防安全管理。

对建筑物进行局部改建、扩建和装修的工程,建设单位应当与施工单位在订立的合同中明确各方对施工现场的消防安全责任。

第十八条　单位应当按照国家有关规定,结合本单位的特点,建立健全各项消防安全制度和保障消防安全的操作规程,并公布执行。

单位消防安全制度主要包括以下内容:消防安全教育、培训;防火巡查、检查;安全疏散设施管理;消防(控制室)值班;消防设施、器材维护管理;火灾隐患整改;用火、用电安全管理;易燃易爆危险物品和场所防火防爆;专职和义务消防队的组织管理;灭火和应急疏散预案演练;燃气和电气设备的检查和管理(包括防雷、防静电);消防安全工作考评和奖惩;其他必要的消防安全内容。

第二十六条　机关、团体、事业单位应当至少每季度进行一次防火检查,其他单位应当至少每月进行一次防火检查。检查的内容应当包括:

(一)火灾隐患的整改情况以及防范措施的落实情况;

(二)安全疏散通道、疏散指示标志、应急照明和安全出口情况;

(三)消防车通道、消防水源情况;

(四)灭火器材配置及有效情况;

(五)用火、用电有无违章情况;

(六)重点工种人员以及其他员工消防知识的掌握情况;

(七)消防安全重点部位的管理情况;

(八)易燃易爆危险物品和场所防火防爆措施的落实情况以及其他重要物资的防火安全情况;

(九)消防(控制室)值班情况和设施运行、记录情况;

(十)防火巡查情况;

(十一)消防安全标志的设置情况和完好、有效情况;

(十二)其他需要检查的内容。

防火检查应当填写检查记录。检查人员和被检查部门负责人应当在检查记录上签名。

第二十七条 单位应当按照建筑消防设施检查维修保养有关规定的要求,对建筑消防设施的完好有效情况进行检查和维修保养。

第二十八条 设有自动消防设施的单位,应当按照有关规定定期对其自动消防设施进行全面检查测试,并出具检测报告,存档备查。

第二十九条 单位应当按照有关规定定期对灭火器进行维护保养和维修检查。对灭火器应当建立档案资料,记明配置类型、数量、设置位置、检查维修单位(人员)、更换药剂的时间等有关情况。

第三十六条 单位应当通过多种形式开展经常性的消防安全宣传教育。消防安全重点单位对每名员工应当至少每年进行一次消防安全培训。宣传教育和培训内容应当包括:

(一)有关消防法规、消防安全制度和保障消防安全的操作规程;

(二)本单位、本岗位的火灾危险性和防火措施;

(三)有关消防设施的性能、灭火器材的使用方法;

(四)报火警、扑救初起火灾以及自救逃生的知识和技能。

公众聚集场所对员工的消防安全培训应当至少每半年进行一次,培训的内容还应当包括组织、引导在场群众疏散的知识和技能。

单位应当组织新上岗和进入新岗位的员工进行上岗前的消防安全培训。

(4)《新疆维吾尔自治区消防安全责任制实施办法》(新政办发〔2018〕43号)。

第五十一条 机关、团体、企业、事业等单位应当履行下列消防安全职责:

(一)明确各级、各岗位消防安全责任人及其职责,制定本单位的消防安全制度、消防安全操作规程、灭火和应急疏散预案,健全落实全员消防安全责任制。定期组织开展灭火和应急疏散演练,进行消防工作检查考核,保证各项规章制度落实。

(二)保证防火检查巡查、消防设施器材维护保养、建筑消防设施检测、火灾隐患整改和专职消防队、志愿消防队或微型消防站建设等消防工作所需资金的投入。生产经营单位安全生产费用应当保证适当比例用于消防工作。

(三)按照相关标准配备消防设施、器材,设置消防安全标志,定期检验维修,对建筑消防设施每年至少进行一次全面检测,确保完好有效。

(四)保障疏散通道、安全出口、消防车通道畅通,保证防火防烟分区和防火间距符合消防技术标准。人员密集场所的门窗不得设置影响逃生和灭火救援的障碍物。保证建筑构件、建筑材料和室内装修装饰材料等符合消防技术标准。

(五)定期开展防火检查、巡查,及时消除火灾隐患。

(六)根据需要建立专职消防队、志愿消防队或微型消防站,加强队伍建设,定期组织训练演练,加强消防装备配备和灭火药剂储备,建立与消防救援队伍联勤联动机制,提高扑救初起火灾能力。

(七)消防法律、法规、规章及有关文件规定的其他职责。

设有建筑自动消防设施的单位应当严格落实《建筑消防设施管理规范》等有关标准,每年开展建筑消防设施标准化、标识化、规范化达标建设工作。

设有消防控制室的,实行24小时值班制度,每班不少于2人并持证上岗。接入城市物联网消防远程监控平台的消防控制室,每班可以为1人。

不得在尚未竣工的建筑物内设置员工宿舍。

鼓励公众聚集场所和生产、储存、运输、销售易燃易爆危险品的企业投保火灾公众责任保险。

第五十二条 消防安全重点单位除履行第五十一条规定的职责外,

还应当履行下列消防安全职责：

（一）明确承担消防安全管理工作的机构和消防安全管理人并报知当地消防救援机构，组织实施本单位消防安全管理。消防安全管理人应当经过消防培训。

（二）建立消防档案，确定消防安全重点部位，设置防火标志，实行严格管理。

（三）安装、使用电器产品、燃气用具和敷设电气线路、管线必须符合相关标准和用电、用气安全管理规定，并定期维护保养、检测。

（四）组织员工进行岗前消防安全培训，定期组织消防安全培训和疏散演练。

（五）建立微型消防站，积极参与消防安全区域联防联控，提高自防自救能力。

（六）积极应用城市物联网消防远程监控、电气火灾监测等技防物防措施。

商场、大型集贸市场以及公共娱乐场所应当投保火灾公众责任险。

6.19 交安机电施工

6.19.1 建设管理单位应督促参建单位加强卡口管理，严防社会车辆通过未通车的高速公路。

6.19.2 施工单位应采用设置水码等措施严格控制工程车辆速度。

6.19.3 施工单位应优化施工工序，避免或尽量减少交叉作业环节。

6.19.4 严禁各类车辆在大雾、暴雨、暴雪等恶劣气象条件下通行。

6.19.5 交工阶段应按道路安全设施"三同时"相关要求实施，并应通过现场验收。

【释义】

6.19.1～6.19.5主要规定了交安机电施工阶段安全管理主要内容。主要编制依据为：

(1)《公路工程施工安全技术规范》(JTG F90—2015)。

10.11 不中断交通施工作业应按现行《道路交通标志和标线》(GB 5768)和《公路养护安全作业规程》(JTG H30)设置作业控制区。

(2)《公路养护安全作业规程》(JTG H30—2015)。

5.0.1 公路养护安全设施包括临时标志、临时标线和其他安全设施,各类安全设施应组合使用,典型安全设施示例见附录A。各类安全设施及交通引导人员示例符号,见附录B。

7

交工阶段

7.1 "平安工程"创建

7.1.1 满足"平安工程"申报条件的项目,建设管理单位宜组织参建单位积极申报。

7.1.2 建设管理单位应组织收集建设期间相关关键施工节点照片、视频等资料,提炼项目安全管理难点、特点,组织编制申报表、制作PPT和视频文件。

7.1.3 建设管理单位组织申报时应按"平安工程"申报要求提交资料,主要包括以下内容:

a)公路水运建设项目"平安工程"电子申报表。

b)公路水运建设项目"平安工程"申报PPT。

c)证明性材料清单。

d)项目建设期间的高清照片。

e)项目安全管理视频展示文件(5~7min)。

【释义】

7.1.1~7.1.3规定了平安工程创建主要内容。主要编制依据为:

《交通运输部办公厅 应急管理部办公厅 中华全国总工会办公厅关于组织2021年度公路水运建设项目平安工程冠名工作的通知》(交办安监〔2022〕1280号)。

7.2 缺陷责任期内作业

7.2.1 建设管理单位应与运营单位、施工单位签订缺陷责任期安全作业协议,明确安全生产管理责任和主体责任。

7.2.2 施工单位应加强维养人员和设备进场管理,制作进场人员花名册,做好大型设备进场验收、维养档案管理等。

【释义】

7.2.1~7.2.2规定了缺陷责任期内作业相关安全管理要求。主要编制依据为：

《中华人民共和国安全生产法》(2021年修订)。

第四十八条 两个以上生产经营单位在同一作业区域内进行生产经营活动,可能危及对方生产安全的,应当签订安全生产管理协议,明确各自的安全生产管理职责和应当采取的安全措施,并指定专职安全生产管理人员进行安全检查与协调。

附录A
（资料性附录）建设项目安全管理任务清单（建设管理单位）

表 A.1 建设项目安全管理任务清单（建设管理单位）

序号	阶段	管控内容	工作要点	工作成果	总工办部门	计划合同部门	项目管理部门	项目执行机构
1	项目工程可行性研究及勘察设计阶段	在招标阶段对工可编制单位、勘察设计单位的安全业绩承诺、安全生产目标等提出要求	—	招标文件中的安全承诺、安全生产目标等要求	协助	主责	协助	—
2		组织勘察设计单位作业安全检查	检查现场人员个体防护、设备状态、安全防护等	勘察设计单位安全检查相关内容	主责	—	—	—
3	施工招标阶段	在招标文件中明确施工单位、监理单位、检测单位的安全业绩要求	施工单位的安全管理业绩（如曾获评"平安工程"等）；安全管理人员配置资格（如安全总监制、安全总监职业资格等）；安全管理能力（主要设备配置要求、关键部位防护要求等）；安全生产技术（出于本质安全考虑的工艺选用要求等）	招标文件中对施工、监理、检测单位的安全业绩要求	—	主责	协助	协助

附录 A （资料性附录)建设项目安全管理任务清单（建设管理单位）

续上表

序号	阶段	管控内容	工作要点	工作成果	总工办部门	计划合同部门	项目管理部门	项目执行机构
3	施工招标阶段	在招标文件中明确施工单位、监理单位、检测单位的安全业绩要求	监理、检测单位的安全管理业绩要求;单位曾获评"平安工程"等;安全管理人员配置资质(如安全专监、安全监理工程师资格等);安全管理能力(监理工作计划中关于重大风险的管控要求等)	招标文件中对施工、监理、检测单位的安全业绩要求	—	主责	协助	协助
4		招标文件中的安全生产目标	建设管理单位在招标文件中应多维度明确项目安全生产目标,如:①安全生产责任书签订率100%;②事故隐患整改率100%;③安全生产费用计提和使用规范100%;④企业职工生产安全责任事故死亡率0;⑤一般及以上生产安全责任事故起数0	招标文件中安全生产目标要求	—	主责	参与	—
5		与监理单位、施工单位、检测单位等承包商签订安全生产合同	明确各方安全生产管理职责,含安全生产目标	与监理单位、施工单位、检测单位等签订安全生产合同	—	主责	—	—

续上表

序号	阶段	管控内容	工作要点	工作成果	总工办部门	计划合同部门	项目管理部门	项目执行机构
6	项目开工前	宜在项目开工前,根据相关规定牵头组织参建单位开展施工安全总体风险评估,并通过专家审查	施工安全总体风险评估的主要范围应符合交通运输部相关文件和标准要求,包括:桥梁工程(大桥及以上等级的桥梁);隧道工程;路堑(含上跨和下穿)区三厂;穿越基础设施(既有道路、铁路、管线及电塔等)施工;边通车边施工(施工区风险);便道开挖及运行风险;涉及市政及房屋的施工风险	项目施工安全总体风险评估报告	—	—	—	主责
7		成立项目安全生产领导小组,明确安全生产管理方针目标	由项目领导班子,各部门负责人、监理办负责人和施工单位负责人组成,下设安全生产领导小组办公室。设立安全管理机构,明确安全生产领导小组和安全管理机构的职责和工作要求	项目安全生产领导小组成立文件	—	—	—	主责

附录A （资料性附录）建设项目安全管理任务清单（建设管理单位）

续上表

序号	阶段	管控内容	工作要点	工作成果	总工办部门	计划合同部门	项目管理部门	项目执行机构
8	项目开工前	对监理单位、施工安全生产组织机构情况进行备案	（1）监理单位安全生产领导小组应对接项目执行机构和施工单位安全组织机构，应在开工前成立，以文件形式发布，并报项目执行机构备案。备案时应提交机构成员的基本信息表，包括但不限于姓名、单位、职务、职称、联系电话、所承担的安全生产责任等。（2）施工单位安全生产领导小组应对接项目执行机构和监理单位的安全组织机构，在开工前成立，以文件形式发布，并报监理单位审查，审查时应提交机构成员的基本信息表，包括但不限于姓名、单位、职务、职称、联系电话、所承担的安全生产责任等，批复后抄送建设管理单位	监理单位、施工单位安全生产组织机构成立文件	—	—	—	主责

81

续上表

序号	阶段	管控内容	工作要点	工作成果	总工办部门	计划合同部门	项目管理部门	项目执行机构
9	项目开工前	审核(批)监理单位安全监理规(计)划	审核(批)监理单位安全监理规(计)划,并督促监理单位审核安全施工计划	监理单位安全监理规(计)划	—	—	—	主责
10	项目开工前	开展安全生产条件核查	依据《公路水运工程安全生产条件通用要求》(JT/T 1404—2022)、《公路水运工程平安工地建设管理办法》(交安监发[2018]43号)中附表1.1"工程项目开工前安全生产条件核查表"进行	《工程项目开工前安全生产条件核查表》	—	—	—	主责
11	项目建设期	编制项目安全生产管理制度	包括但不限于《安全生产专项施工方案管理办法》《安全生产费用管理办法》《安全生产检查制度》《安全生产风险评估与管理实施办法》等	《安全生产管理制度汇编》《年度安全生产工作计划》	—	—	—	主责
12	项目建设期	明确安全管理职责	落实全员一岗双责、党政同责,厘清工程、技术管理人员和安全管理人员的职责,建立分工明确、职责清晰、执行有力的责任清单和工作清单	《项目执行机构全员安全管理岗位职责》	—	—	—	主责

附录 A （资料性附录）建设项目安全管理任务清单（建设管理单位）

续上表

序号	阶段	管控内容	工作要点	工作成果	总工办部门	计划合同部门	项目管理部门	项目执行机构
13	项目建设期	签订年度安全生产目标责任书	与公司主要负责人签订安全生产目标责任书(1次/年)；与项目执行机构人员签订安全生产目标责任书(1次/年)；与项目参建单位签订安全生产目标责任书(1次/年)	安全生产目标责任书	—	—	—	主责
14		设备安全管理	对高风险项目使用的设备提出必要的安全人员和设施等配置要求，督促参建单位做好大型设备安拆方案审查、设备入场验收等	设备安全配置要求；组织开展特种设备入场核查	—	—	—	主责
15		按规定计量、审核建设项目安全生产费用	明确费用计量周期、计量范围，计量程序	安全生产费用计量台账	—	—	—	主责
16		负责督促、检查施工单位的安全生产费用使用情况	—	检查报告、通报	—	—	—	主责
17		编制相关制度对项目及项目执行机构本级安全生产费用的预算、资金使用及内部审计进行管理	明确费用使用计划、计量办法、审批程序等	安全生产费用管理制度	—	—	—	主责

续上表

序号	阶段	管控内容	工作要点	工作成果	总工办部门	计划合同部门	项目管理部门	项目执行机构
18	项目建设期	组织编制项目综合应急预案	—	项目综合应急预案	—	—	—	主责
19		专项施工方案管理	备案《危险清单》。组织参加审查危险性较大的分部分项工程的安全专项生产方案	专项施工方案较大分部分项工程清单；《危险性较大分部分项工程清单》；检查通知、记录、通报	—	—	—	主责
20		每季度开展不少于1次建设项目安全检查，节假日或重点时段开展专项检查	制订《年度安全检查计划》；检查内容包括但不限于：施工单位的安全培训教育，技术交底，安全管理协议签订等工作；施工单位特种设备、大型机械使用的情况；监理单位安全检查记录及整改通知单；施工单位是否存在转包分包行为；施工单位是否落实招标文件中的安全生产条件要求。对工程建设过程中出现的重大质量安全隐患，应责令施工单位发出停止施工通知书，并书面报告（紧急情况应电话报告）建设行政主管部门或相应的工程质量安全监督机构	《年度安全检查计划》、检查通知、检查记录、检查通报	—	—	—	主责

附录A （资料性附录）建设项目安全管理任务清单（建设管理单位）

续上表

序号	阶段	管控内容	工作要点	工作成果	总工办部门	计划合同部门	项目管理部门	项目执行机构
21	项目建设期	安全风险管控	督促各参建单位明确安全风险分级管控标准、要求，督促参建单位落实安全风险分级管控措施	检查通知、检查记录、检查通报	—	—	—	主责
22	项目建设期	推进"平安工地"建设，按期完成平安工地考评	制定《项目平安工地建设实施方案》的，每年开展2次参建单位的平安工地考核	《平安工地建设实施方案》《平安工地考核评价表》《监理单位基础管理考核评价表》《施工单位施工现场考核评价表》《危险性较大的分部分项工程施工前安全生产条件核查表》	—	—	参与	主责
23	项目建设期	召开安全生产会议，结合实际情况组织开展安全专项治理活动	每月1次，通报建设项目存在的安全薄弱环节，对各参建单位的安全生产形势进行分析、研究，统筹、协调，研究制定改进措施	会议通知、会议记录、签到表	—	—	—	主责
24	项目建设期	组织项目执行机构人员进行安全培训	制订《年度安全教育与培训计划》，每年项目执行机构指挥长、部门负责人及安管理人员累计不少于24学时，其他人员不少于12学时	《年度安全教育与培训计划》、安全培训记录表、签到表	—	—	—	主责

续上表

序号	阶段	管控内容	工作要点	工作成果	总工办部门	计划合同部门	项目管理部门	项目执行机构
25	项目建设期	交通组织方案审查	牵头组织申报涉路施工许可,同设计方案、施工方案、安全评价报告一并提交路政管理机关,组织召开专家评审会,并经路政和交警审核通过	施工期交通组织设计文件专家审查会	—	—	—	主责
26		组织和督导施工单位落实建设项目"三同时"制度	安全设施与主体工程同时设计、同时施工、同时投入生产和使用	—	—	—	—	主责
27		对于上级部门提出的问题,监督跟踪落实整改情况	—	整改报告	—	—	—	主责
28		及时传达及部署上级安全文件及要求,并组织落实	—	学习记录、总结	—	—	—	主责
29		组织开展安全生产月、减灾防灾日、消防宣传月等活动	—	活动方案、记录、总结	—	—	—	主责

附录A （资料性附录）建设项目安全管理任务清单（建设管理单位）

续上表

序号	阶段	管控内容	工作要点	工作成果	总工办部门	计划合同部门	项目管理部门	项目执行机构
30	项目建设期	督促参建单位按规定制定相应的综合应急预案、专项应急预案、现场处置方案	监理单位编制综合应急预案、专项应急预案，并报项目执行机构备案；施工单位编制专项应急预案、现场处置方案，并向项目执行和监理单位备案	综合应急预案、专项应急预案现场处置方案	—	—	—	主责
31		组织项目综合应急演练，并完成总结评估工作；督促检查施工单位开展专项应急救援预案演练和现场处置方案演练情况	项目综合应急救援预案演练（至少1次/年）；施工单位开展专项应急救援预案演练（至少2次/年）、现场处置方案演练（至少1次/季度）	演练通知、方案、总结评估表	—	—	—	主责
32		及时上报发生产安全事故或突发事件	按照《新疆文投建设管理有限责任公司安全生产应急预案（试行）》报送及处置流程执行，不得瞒报、漏报、迟报	事故报告	—	—	—	主责

续上表

序号	阶段	管控内容	工作要点	工作成果	总工办部门	计划合同部门	项目管理部门	项目执行机构
33	项目建设期	协调各参建单位间和各参建单位与地方政府的关系；组织各参建单位安全学习交流活动	牵头与属地政府部门、社会救援队伍等建立联合应急救援机制	—	—	—	—	主责
34		信息化平台应用	对视频监控系统进行验收；明确安全管理功能板块监督责任人；及时填报及审核安全生产范围内文件资料录入相关信息，每月对信息化平台使用及数据录入情况监督督促和检查，并对各参建单位进行评分考核	—	—	—	—	主责
35		交安机电施工安全管理	重点针对大型设备、高风险作业区域（桥梁路段电缆敷设、高空作业等）安全管理。加强卡口管理，严防社会车辆通过未通车的高速公路	安全监督检查通报	—	—	—	主责

附录A （资料性附录）建设项目安全管理任务清单(建设管理单位)

续上表

序号	阶段	管控内容	工作要点	工作成果	总工办部门	计划合同部门	项目管理部门	项目执行机构
36	交工阶段	"平安工程"创建	组织成立"平安工程"争创小组，收集建设期间相关资料，工节点照片、视频等资料，组织提炼项目安全管理难点、特点，编制申报表、制作PPT和视频文件	"平安工程"创建申报材料	—	—	—	主责
37		缺陷责任期安全管理	应与运营单位、施工单位签订缺陷责任期的安全作业协议，明确安全生产管理责任和主体责任	安全作业协议	—	—	—	主责

89

附录B

公路工程建设单位常用法律法规部门规章条款摘录

条文基本信息

表 B.1

序号	法律法规名称	文号	发布日期	生效日期	适用条款
1	中华人民共和国安全生产法	—	2021年6月10日	2021年9月1日	第3、4、5、7、21、22、23、25、28、38、40、41、45、46、48、49、50、51、52条
2	中华人民共和国消防法	—	2021年4月29日	2021年4月29日	第5、9、10、11、13、16、44条
3	中华人民共和国公路法	—	2017年11月4日	2017年11月5日	第23、24、25、28、29、30、31、32、33、44、45条
4	中华人民共和国特种设备安全法	—	2013年6月29日	2014年1月1日	第33、34、35、37条
5	中华人民共和国突发事件应对法	—	2007年8月30日	2007年11月1日	第22、23、56条
6	生产安全事故应急条例	国务院令2019年第708号	2019年2月17日	2019年4月1日	第12、15、16条
7	中华人民共和国公路安全保护条例	国务院令2011年第593号	2011年2月16日	2011年7月1日	第12、15、27、28、29条
8	中华人民共和国职业病防治法	—	2018年12月29日	2018年12月29日	第4、5、6、7、20、21、22、26、33、34、36条
9	工伤保险条例	国务院令2010年第586号	2010年12月20日	2011年1月1日	第4、10条
10	特种设备安全监察条例	国务院令2009年第549号	2009年1月24日	2009年5月1日	第24、25、26、29条
11	生产安全事故报告和调查处理条例	国务院令2007年第493号	2007年4月9日	2007年6月1日	第4、9、13、14、33条
12	建设工程安全生产管理条例	国务院令2003年第393号	2003年11月24日	2004年2月1日	第6、7、8、9、10、11条

续上表

序号	法律法规名称	文号	发布日期	生效日期	适用条款
13	消防安全责任制实施办法	国办发〔2017〕87号	2017年11月09日	2017年11月09日	第15、18、21条
14	中共中央 国务院关于推进安全生产领域改革发展的意见	—	2016年12月9日	2016年12月9日	(六)严格落实企业主体责任
15	国务院办公厅关于印发突发事件应急预案管理办法的通知	国办发〔2013〕101号	2013年10月25日	2013年10月25日	第9、13、14、15、18、19、22、23、28条
16	交通运输部关于加强公路水运工程建设质量安全监督管理工作的意见	交安监规〔2022〕7号	2022年8月15日	2022年8月15日	第(十二)、(十三)、(十七)项
17	交通运输部关于修订《公路工程施工分包管理办法》的通知	交公路规〔2024〕2号	2024年2月18日	2024年2月18日	第8、9、15、16、17条
18	交通运输部 应急管理部关于发布《公路水运工程淘汰危及生产安全施工工艺、设备和材料目录》的公告	2020年第89号	2020年10月30日	2020年10月30日	全文
19	交通运输部办公厅关于进一步推进公路水运工程平安工地建设的通知	交办安监〔2020〕44号	2020年09月18日	2020年09月18日	第(一)、(二)、(三)、(四)项
20	交通运输部关于印发《公路工程建设标准管理办法》的通知	交公路规〔2020〕8号	2020年5月27日	2020年7月1日	第19、20条

续上表

序号	法律法规名称	文号	发布日期	生效日期	适用条款
21	交通运输部办公厅关于开展"坚守公路水运工程质量安全红线"专项行动的通知	交办安监〔2019〕80号	2019年9月27日	2019年9月27日	全文
22	交通运输部关于印发《公路水运工程平安工地建设管理办法》的通知	交安监发〔2018〕43号	2018年4月16日	2018年5月1日	第6,7,8,9,10,11,12,15条
23	公路水运工程安全生产监督管理办法	中华人民共和国交通运输部令2017年第25号	2017年6月12日	2017年8月1日	第13,21,25,27,28条
24	交通运输部关于推进公路水路行业安全生产领域改革发展的实施意见	交安监发〔2017〕39号	2017年3月27日	2017年3月27日	第（五）项
25	交通运输部办公厅关于加强公路水运工程质量安全监督管理工作的指导意见	交办安监〔2017〕162号	2017年11月13日	2017年11月13日	第（二）项
26	企业安全生产责任体系五落实五到位规定	安监总办〔2015〕27号	2015年3月16日	2015年3月16日	全文
27	关于印发《公路水运工程生产安全重大事故隐患挂牌督办制度（暂行）》的通知	交质监发〔2012〕577号	2012年11月2日	2012年11月2日	第9条

续上表

序号	法律法规名称	文号	发布日期	生效日期	适用条款
28	生产经营单位安全培训规定	国家安全生产监督管理总局令2015年第80号	2006年1月17日	2015年5月29日	第3、7、8、9、13条
29	生产安全事故信息报告和处置办法	国家安全生产监督管理总局令2009年第21号	2009年6月16日	2009年7月1日	第6条
30	安全生产事故隐患排查治理暂行规定	国家安全生产监督管理总局令2007年第16号	2007年12月28日	2008年2月1日	第4、7、8、9、10、11、12、14条
31	生产安全事故应急预案管理办法	应急管理部2019年第2号	2016年6月3日	2019年7月11日	第5、6、9、10、13、14条
32	企业安全生产费用提取和使用管理办法	财资〔2022〕136号	2022年12月12日	2022年12月12日	第四节
33	人力资源社会保障部交通运输部水利部铁路局能源局公路、铁路、水运、水利、能源、机场工程建设项目参加工伤保险工作的通知	人社部发〔2018〕3号	2018年1月2日	2018年1月2日	全文
34	机关、团体、企业、事业单位消防安全管理规定	公安部令2001年第61号	2001年11月14日	2002年5月1日	第4、5、6、7、9、12、18、26、27、28、29、36条
35	安全生产责任保险实施办法	安监总办〔2017〕140号	2017年12月12日	2018年1月1日	第6条

续上表

序号	法律法规名称	文号	发布日期	生效日期	适用条款
36	关于印发《自治区企业安全生产监管理办法（试行）》的通知	新政办发〔2021〕17号	2021年3月12	2022年5月1日	第3、8、9、10条
37	关于印发新疆维吾尔自治区安全生产目标管理办法的通知	新政办发〔2017〕35号	2017年2月17日	2017年2月17日	第3、4、5条
38	关于印发新疆维吾尔自治区消防安全责任制实施办法的通知	新政办发〔2023〕59号	2023年10月18日	2023年11月20日	第51、52条
39	新疆维吾尔自治区安全生产条例	2007年9月28日新疆维吾尔自治区第十届人民代表大会常务委员会第三十三次会议通过	2007年9月28日	2008年1月1日	全文

参 考 文 献

[1] 国家市场监督管理总局,国家标准化管理委员会.标准化工作导则 第1部分:标准化文件的结构和起草规则:GB/T 1.1—2020[S].北京:中国标准出版社,2020.

[2] 国家安全生产监督管理总局.生产经营单位生产安全事故应急预案编制导则:GB/T 29639—2020[S].北京:中国标准出版社,2020.

[3] 国家市场监督管理总局,国家标准化管理委员会.道路交通标志和标线 第2部分:道路交通标志:GB 5768.2—2022[S].北京:中国标准出版社,2022.

[4] 中华人民共和国国家质量监督检验检疫总局,中国国家标准化管理委员会.道路交通标志和标线 第4部分:作业区:GB 5768.4—2017[S].北京:中国标准出版社,2017.

[5] 中华人民共和国交通运输部.公路工程技术标准:JTG B01—2014[S].北京:人民交通出版社股份有限公司,2014.

[6] 中华人民共和国交通运输部.公路项目安全性评价规范:JTG B05—2015[S].北京:人民交通出版社股份有限公司,2015.

[7] 中华人民共和国交通运输部.公路工程施工安全技术规范:JTG F90—2015[S].北京:人民交通出版社股份有限公司,2015.

[8] 中华人民共和国交通运输部.公路养护安全作业规程:JTG H30—2015[S].北京:人民交通出版社股份有限公司,2015.

[9] 中华人民共和国交通运输部.公路水运工程施工安全风险评估 第1部分:总体要求:JT/T 1375.1—2022[S].北京:人民交通出版社股份有限公司,2022.

[10] 中华人民共和国交通运输部.公路水运工程项目生产安全事故应急预案编制要求:JT/T 1405—2022[S].北京:人民交通出版社股份有限公司,2022.

[11] 中华人民共和国交通运输部. 公路水运工程安全生产条件通用要求:JT/T 1404—2022[S].北京:人民交通出版社股份有限公司,2022.